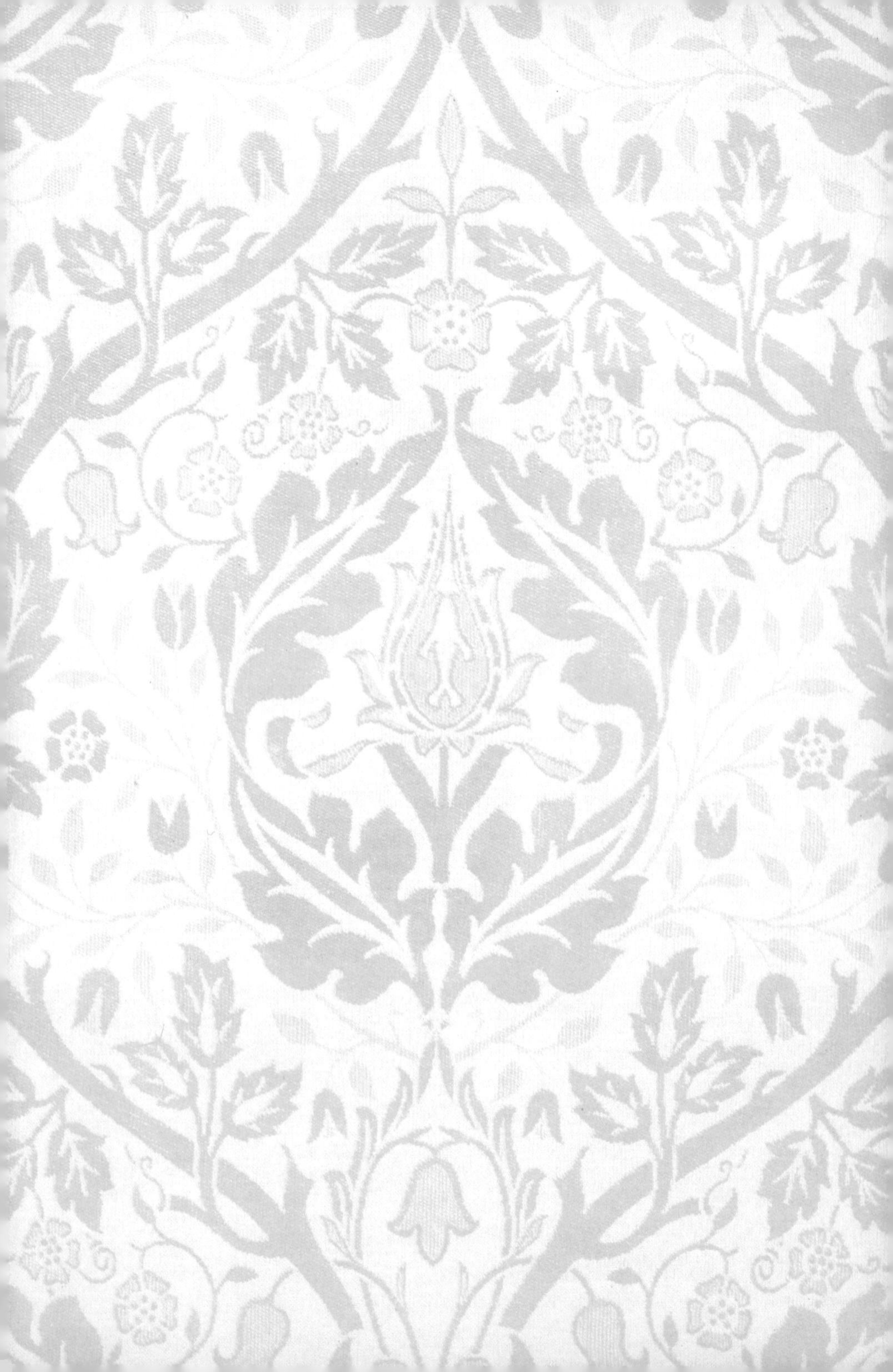

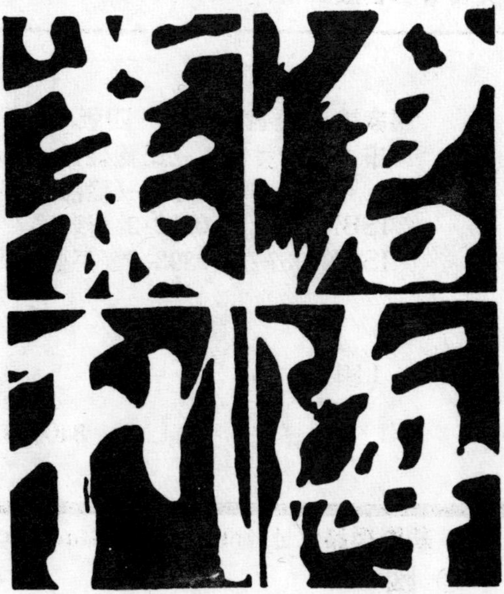

國家論

薩孟武 譯

東大圖書公司 印行

國立中央圖書館出版品預行編目資料

國家論／薩孟武譯. -- 四版. -- 臺北
市：東大發行：三民總經銷，民84
面；　公分. --(滄海叢刊)
ISBN 957-19-0392-2 (精裝)
ISBN 957-19-0393-0 (平裝)

1.國家

571　　　　84003810

網際網路位址　http://www.sanmin.com.tw

著作人　Franz Oppenheimer
譯　者　薩孟武
發行人　劉仲文
著作財產權人　東大圖書股份有限公司
臺北市復興北路三八六號
發行所　東大圖書股份有限公司
地　址／臺北市復興北路三八六號
郵　撥／〇一〇七一七五——〇號
印刷所　東大圖書股份有限公司
總經銷　三民書局股份有限公司
門市部　復北店／臺北市復興北路三八六號
重南店／臺北市重慶南路一段六十一號
初　版　中華民國六十六年七月
五　刷　中華民國八十九年八月
編　號　E 57030
基本定價　貳元捌角
行政院新聞局登記證局版臺業字第〇一九七號
著作權執照臺內著字第九九〇四號

ISBN 957-19-0393-0 (平裝)

譯者序

本書乃翻譯社會學權威 Franz Oppenheimer 所著 Der Staat 。余因其見解有許多地方接近於 國父孫中山先生的思想，卽如傅啓學先生所說：「中山先生反對馬克思的見解，與奧本海默的見解大體相同」（中山思想本義一四三頁），國家視爲武力造成的團體，一也。社會可以不用流血革命，勢之所趨，必能自然而然的改造爲大同社會，二也。反對大土地私有，而主張地權的平均分配，三也。重視官吏尤其大學教授，以爲此兩種人物可負起改造的責任，四也。由於第四點， 國父主張考試權的獨立。本書著者雖未說到考試，其反對馬列的流血革命，而希望能力強大，公正無私的人出來任職，扭轉現今國家的局勢，値得吾人注意。如何測定官吏之有能力，這有恃於「舉能」。如何測定官吏之公正無私，這有恃於「選賢」。選賢舉能是吾國兩千多年以來學者的共同主張。所以著者明白說出中國的封建制度——大土地私有早已消滅，而其消滅程度且比較歐洲各國更見澈底。譯者在本書中隨處舉出吾國古代制度，以證明著者見解並非虛妄。讀者若能應用本書之所述，以研究吾國古代歷史，我相信收獲必多。

最後尚須一提的，四十餘年以前陶希聖先生曾翻譯本書，交新生命書局出版。現在不但陶譯已經絕版，並且陶先生也不想再譯重印。余忘記了在那一處看到陶譯，覺得其中所譯三首歌謠甚佳，把它記下，翻譯本書時，關此三首歌謠全用陶譯，其他文句則與陶譯不同。讀者若有陶譯，只將最初數行比較一下，就可發見陶譯與本譯本之有別。本來一種名著，並不限定翻譯人爲誰，唯在今日盜印，文抄之風甚熾之時，不得不作此聲明。

民國六十五年十二月三十日夜

國家論目錄

譯者序……一
緒論……一
第一節　關於國家的學說……一
第二節　社會學的國家論……六
第一章　國家的發生……一一
第一節　政治手段及經濟手段……一三
第二節　無國家的民族（狩獵民及淺耕農民）……一四
第三節　國家發生以前的各民族（遊牧民及海上冒險家）……一六
第四節　國家的誕生……二七
第二章　原始的封建國家……四四
第一節　統治的形式……四四

第二節　結合……四七
第三節　分化（羣的理論及羣的心理）……四九
第四節　高級的原始封建國家……六一
第三章　海國……七〇
第一節　國家發生以前的商業……七一
第二節　商業與原始國家……七八
第三節　海國的發生……八一
第四節　海國的本質及其結局……八九
第四章　封建國家的發展……九九
第一節　大土地私有制的發生……九九
第二節　原始封建國家的中央權力……一〇三
第三節　原始封建國家之政治的及社會的分裂……一〇八
第四節　種族的融合……一二一
第五節　發達的封建國家……一二六
第五章　立憲國家的發展……一三〇
第一節　農民的解放……一三一

第二節　工業都市的發生……一三三
第三節　貨幣經濟的影響……一三七
第四節　近代立憲國家……一四三
第六章　國家進化的趨勢……一五〇
譯者後序……一六〇

緒論

第一節　關於國家的學說

本書完全討論歷史上的國家，但不是討論動物國，這是動物學及動物心理學研究的對象，也不大討論史前的國家，這是考古學及人類學研究的對象。吾人的研究是由種族組織（Stammes-organisation）開始。照溫德（W. Wundt）說，種族組織雖然是不完全的或未成熟的國家制度，但亦可以視爲國家的萌芽（註一）。玆宜告知讀者的，本書是由社會學的觀點，來考察國家如何發生，如何進化爲現代立憲國家。我們必須研究其發展過程，研究了之後，我們對於國家，也許能夠推測其將來進化的趨向。這是本書研究的目的。本書的目的在於研究國家的本質，故凡國際關

註一　With. Wundt, Elemente der Vöikerpsychologic, Leipzig, 1912, p. 301.

係及國內生活之法律的外表形式，皆屛棄不談。我很希望本書對於國家哲理有所貢獻，其或對於公法學也有貢獻，亦必這個公法是一切國家生活所固有的，所共通的。

我們限定了討論的範圍，因之，公法學上一切學說皆捨而不談。豈但公法學而已，一切國家理論，我們稍加注意，也可以知道它們對於國家的發生，本質及目的，不能有所闡明。此種理論或偏於極右（國家至上主義），或偏於極左（無政府主義）。而在左右兩極之間，又有無數我們所得想像的理論。盧梭（Rousseau）用社會契約以說明國家，卡雷（H. C. Carey）則以國家爲盜賊團體，柏拉圖及馬克思主義者欲把絕對的權力賦與國家，以爲國家在政治經濟各方面，都可以無限制的控制人民。尤其是柏拉圖太過讚美國家，竟然欲使國家干涉人民的兩性關係。反之，自由主義者則謂國家只是夜間巡查（Nachtwächter）＊，不宜有任何權力。而無政府主義更進一步，而欲推翻國家。學說紛紛，莫知所從，然而我們要把這些學說折衷起來，建立一個正確的國家理論，又是不可能的事。

學說分歧，不能融和，無非因爲學者不由社會學的觀點，來研究國家有以致之。國家是一個世界史的對象（ein universalgeschichtliches Objekt）。我們只有研究古往今來各種民族的歷史，才能認識其本質；然則國家的本質是什麼？關此，我們必須觀察過去和現在的一切國家，知道它

＊譯者案自由主義者以國家爲「必要的害物」（necessary evil），而謂國家的任務只可限於夜裡巡查街市，防止竊盜。

們所共有的特質，而後對此問題，方能供給正確的答案。綜觀古今一切國家，有大國，有小國；有權力集中的國家，有統制鬆懈的國家；有君主國，有貴族國，有金財閥國（Plutokratische Staat），有民主國。而各國人民又屬於各種人種，皮膚顏色不同，文化程度亦異；或以農爲生，或以工商爲生，千差萬別，莫能一致。故若單單研究面積之大小，統治權之強弱，憲法之結構，以及文化程度，技術狀況，絕對不能闡明國家的本質。

從來國家學說均以國家一切情況爲研究的對象，求出一個普遍的性質，以作結論。他們以爲國家是一種保護機構（Schutzanstalt），對外保護領土，對內保護法律，這是國家的本質，也就是國家存在的根本理由。格老秀斯（Grotius）說：「國家是自由民爲保護法律和利害而結合的團體」。這個見解固然不錯，而卻不能謂其盡美盡善。何以故呢？他忽略了一切國家所共有的一個重要的特徵。這個特徵是遠古以及歷史上一切國家所共有的；縱是今日於權力方面，面積方面，財富方面已經發達到最高階段的國家，也有之。我們以爲一切國家都是武力造成的團體，一方有統治者，他方有被統治者，而爲階層組織，過去如此，現今也如此。換言之，一國人民之中，常因爲權力與權益之不同，而分爲命令與服從兩類人羣，由此就造成了階層制度＊。

本書就是闡明這個特徵爲國家最重要的，最基本的性質。國家的發生及其本質，惟由這個特徵，方能了解。我們研究的結果，又能夠知道國家對內對外的一切措施，固然是謀大衆的安全，

＊譯者案，此數行譯文與原文的意思相同，但表現的文字稍稍不同。

最根本的還是保障上層階級的統治。惟爲了保障統治權的鞏固，不能不顧到大衆利益。換言之，國家雖爲維持統治者權力的安全，然其結果又發生了第二任務，卽保護大衆*。

過去一切國家學說互相衝突，莫衷一是，理由何在？就是那些學說都是代一些人說話，或代膏梁豪族辯護，或代寒素貧人辯護。此種學說不是研究事實而得到的結論，乃是基於某種觀點而發生的產物。此種學說不是要探求眞理，而是用之以文飾眞相的武器。它不是科學，而只是科學的贋品（Mimicry der Wissenschaft）。我們知道國家是什麼，可以由此認識各種學說發生的動機，不能由於研究各種學說，以知道國家是什麼。

我們須先一瞥過去許多國家學說，而決定什麼不是國家的本質。

國家不是同柏拉圖所說那樣，由於「集團生活的必要」而產生，也不是同亞理斯多德所說，國家是「自然生長的東西」，更不是同安西隆(J. P. F. Ancillon)所說，「其起源與言語相同」，「言語是由人類要發表其思想和感情的慾望及能力，自然發生，自然構成的。國家是由人類有社交的衝動及其需要，自然產生，自然發達的」。這個見解當然錯誤。國家不是布丹（Bodin）所說：「由許多家族的公共財物集合而成，並受一個最高主權管轄的團體；也不是霍布斯(Hobbes)

*譯者案，此數行所述，比之原文，也是意同，而文字稍異。蓋著作人爲極具盛名的社會學者。社會學者與社會主義者均以國家爲武力造成的團體，但社會學者主張種族鬥爭（Rassenkampf），社會主義者則主張階級鬥爭（Klassenkampf）。恐讀者將兩種主張混爲一談，故文字不能不稍加變更。

所說，國家是要制止「各人反抗各人的鬥爭」（bellum omnium contra omnes），而後產生出來。更不是和格老秀斯（Grotius）斯賓諾沙（Spinoza）陸克（Locke）及盧梭等輩所謂：它是社會契約的產物。斐希特（Fichte）說，國家是「人民要永久的發展其良知良能而採用的工具」。但是國家未必有這個目的，衆所共知。國家不是爲這個目的而產生，也不是爲這個目的而存在，將來雖未可知，過去則係事實。國家不是舒挨陵（F. Von Schelling）所說的「絕對」（das Absolute）。更不是黑格兒所說：國家是「道德觀念的實體」（die Wirklichkeit der sittlichen Idee），而爲一個發展到盡美盡善的人，它有眞實的人格，又有眞實的意志，復有眞實的目的。因爲國家有眞實的人格，所以個人惟有做國家之一分子，才得完成其人格。因爲國家有眞實的意志，所以國家的命令無不合理，各人必須絕對服從。因爲國家有眞實的目的，所以各人的目的若和國家的目的衝突，各人必須捐棄自己的目的，而去擁護國家的目的。各人是構成國家這個全體的部分，國家是以各人爲其構成部分的全體。凡人能夠廢棄全體與部分的矛盾，把部分融和於全體之中，那便是廢棄小我以與大我同化，這樣，便達到了絕對自由的境地*。斯塔爾（F. J. Stahl）以國家爲「人類團體之道德的王國（sittliche Reich），且謂「深加考察，便知國家是神的制度」，這種話我們不敢贊成。西塞羅（M. T. Cicero）說：「國家若不是法律團體，試問它是什麼呢」。這句話實難令人首肯。沙維尼（Savigny）認爲「國家創造法律，而國家又是法律的最高階段」。

*譯者案，黑格兒的國家學說很難理解，原文所述太過簡單，故稍稍增加文字，使讀者容易明瞭。

國家是「民族形態之具體的表現」，這種話似無價值。伯倫智利（Bluntschli）以國家爲民族人（Volksperson）*。其他學者又謂，凡團體之有國家或社會的性質者，稱爲「超有機體」（Über-organismus）。緬英（H. Maine）以爲國家是經過血族（Geschlecht）家庭（Haus）氏族（Stamm）各種中間制度，由家族（Familie）發達而成的，這個學說未必可信。邪林勒克以國家爲「團結的統一體」（Verbandseinheit）固然錯誤，而卡雷（Carry）又謂「國家發源於盜賊團家。盜賊成爲大衆之主，而把國家建設起來」，也難令人信服。此種學說都有一點價值，而卻不完全。

*譯者案，伯倫智利以國家比擬生物，學者稱之爲生物有機體說，其說有似於法人說，所謂民族人卽以民族視爲一個法人。

第二節　社會學的國家論

然則社會學所謂「國家」是什麼呢？我們知道其語源，大約可以推測其本質。Staat（國家）這個文字乃發生於文藝復興時代的意大利。當時是用之以稱那些利用暴力以登大位的領主及其徒附一羣人。蒲爾克哈德（J. Burckhardt）說：「君主及其徒附稱爲 lo stato，終則這個文字遂用以總稱領土之內的一切東西」。路易十四有「朕卽國家」之言，這話實有深刻的意義，而非路易十四所能知悉。國家解釋爲這個意義，固然陳舊，然而今日所謂「宮廷國家」（Hofstaat）一語之中尚保留着這個色彩。

這是國家發生的法則，今日國家還有這個性質。國家由其發生言之。由其本質言之，在其最初階段，完全是一個社會制度（eine gesellschaftliche Einrichting）。卽戰勝人羣管轄戰敗人羣，而預防內部叛亂及外部侵略。這種管轄除戰勝人羣經濟上要利用戰敗人羣之外，沒有其他目的。

歷史所載的原始國無一不是以這個方法產生的（註二）。倘若傳說所述與此不同，我們以爲這個傳說若非敍述兩個充分發達的原始國混合爲一個更完全的組織，就是拿牧羊的寓言應用於人類，以爲羊羣要抵抗豺狼，乃擁熊爲王。其實，縱在此種場合，國家的形式與內容也和豺狼用其一己之力直接控制羊羣無異。

以上說明固然簡單，而我們少年時代在學校所得的歷史知識亦足以證明其正確。勇敢善戰的野蠻民族侵入溫良而厭戰的民族的領土，自居爲貴族，而建設一個國家。這是到處可以看到的，試看二大河流兩岸（Zweistromland）的歷史吧！一波未平，一波隨之，一國將亡，一國興起。巴比倫人、亞摩利忒人（Amoriter）、敍利亞人(Assyrer)、亞拉伯人、麥忒爾人（Meder）、波斯人、馬基頓人、巴爾泰爾人（Parther）、蒙古人、塞爾德舒肯人(Seldschucken)、韃靼人、土

註二　歷史上一切民族，其分工與農耕無一不以經濟的侵削爲基礎，勞動義務由一個民族負擔，勞動結果歸別一個民族享受。換句話說，分工常表現爲一個民族隸屬於別一個民族的形式（Rodbertus-Jagetzow, Beleucht, dei soz. Frage. 2 Aufl. Berlin, 1890, p. 124)。

耳其人，都曾建設過國家，然不旋踵皆歸滅亡。在尼羅河（Nil）流域，有希克索人（Hyksos）、努比亞人（Nubier）、波斯人、希臘人、羅馬人、亞拉伯人、土其耳人，互相爭雄。在希臘半島，多利亞諸國（Dorierstaaten）是很好的實例。在意大利，有東哥德人（Ostgoten）、朗巴德人（Langobarden）、佛蘭克人（Franken）、諾爾曼人（Normannen）、德意志人；在西班牙，有迦太基人（Karthager）、羅馬人、西哥德人（Westgoter）、亞拉伯人；在加尼亞（Gallien），有羅馬人、佛蘭克人、蒲爾滾特人（Burgunder）、諾爾曼人；在不列顛，有薩克遜人、諾爾曼人發現於歷史舞臺之上，而又旋卽消滅。好戰的野蠻種族的波濤越過印度，南達印度洋羣島，而及於中國。在歐洲的殖民地，例如南美及墨西哥，早已有人民定住於其地，亦建立同一形式的國家。倘若該處沒有定住的人，而只有狩獵種族出沒於山嶽之中，他們可以剿滅，而不能使其服從者，則征服者必由遠方輸入羣衆，強迫其工作，以便自己侵削，這樣，便發生了奴隸的買賣。

在歐洲的殖民地之中，有的禁止輸入奴隸以補充原住民的缺乏，美國好像是一個例外。其實，美國所以很像例外，乃是因爲被侵削的勞苦羣衆，不能由原住民充任，大多數在其母國受到侵削，不能忍耐。僥倖母國文化已經發達，而人民又有移住的自由，乃成羣結隊，逃至海外，而又招徠母國人民移住新邦，所以美國的國家性質（Staatlichkeit）是隨移住民以俱來。但是此種殖民地若因距離母國太遠，遷徙的費用太貴，而法律又限制移住民之入國，則移住民人數有限，因之，國家的形態就接近於國家發達最後階段。這個最後階段我們認爲必會來臨。現今我們尙沒有一個科學的名詞，來稱呼這個最後階段的國家。唯由辨證法看來，可以說是量的變化（eine Änderung der Quantität）引超質的變化（eine Änderung der Qualität）。換句話說，形式雖舊，內容則新。此種國家還是以外力（aussere Machtmittel）管轄人類的社會生活，故仍不失爲一個國家。不過又與過去的國家不同，它不是某一社會羣政治上統治、經濟上侵削別一社會羣的工具。它不是階級國家，它有似於社會契約所組織的團體。澳洲殖民地已經達到這個階段，紐西蘭也差不多如此。對於歷史上國家的起源和本質，對於社會學的意義之國家的起源和本質，若還沒有一致的定論，要用一個新名詞來稱呼此種最進步的團體，是徒勞無功的。儘管別人不會同意，我們以爲此種團體若仍稱之爲國家，結果只有使概念混亂。所以我在本書特稱此種團體爲「自由市民社會」（Freibrügerschaft）*。

要綜觀過去及現在的國家，只要篇幅允許，關於世界史（Weltgeschichte）所未曾敍述的國家，應該利用民族誌（Völkerkunde）所提示的事實以補充之。我所主張的一般法則對於此種國家，還是正確而無例外。這有許多事實證明：在馬來羣島（malaiischen Archipel），在「社會學稱之爲巨大實驗室的非洲」（dem grossen sozialogischen Laboratorium Afrika），總而言之，即不論在地球上任何地方，只要種族發達到一定形態，國家必因一個人羣征服別一個人羣而產生。國家存在的理由及其根據都是戰勝人羣要強迫戰敗人羣納稅服役，過去如此，現在亦然。

*譯者案，孫中山先生所謂大同社會大約也是指此種團體。

以上所述有恃於公法學者兼社會學者袞普羅維玆（L. Gumplowicz）的啓示者甚多＊。他是創立這個研究方法的人。本書所言均可以證明其學說之正確。本書是用最簡潔的方法，說明國家發展的路程。現在試用這個方法來研究國家，卽研究原始的侵略國家經過許多曲折，最後才發展爲自由市民社會（大同社會）的路程。

＊譯者案 L. Gumplowicz（1838–1909）著有 Der Rassenkampf（1883），Grundriss der Soziologic（1895）等書。同時又有 G. Ratzenhofer 著有 Wesen und Zweck der Politik（1893），Die soziologische Erkenntnis（1896）等書。此兩人與 F. Oppenheimer 均主張種族鬥爭爲國家發生的原因，而與馬克思之以階級鬥爭爲國家發生的原因者不同。

第一章　國家的發生

只有一個力，推動一切生命；只有一個力，發達一切生命，使細胞或使混濛時代飄浮於溫海之中的一塊蛋白質,發達爲脊椎動物，終而成爲人類。這個力就是「生存慾望」(Lebensfürsorge)，而分歧爲「饑與愛」（Hunger und Liebe），哲理（Philosophic）由此發生，哲理對於力的活動亦有作用。它常表現爲「人類的因果推理」（das Kausalbedürfnis des Aufrechtschreitenden），使人類世界能與「饑與愛」聯繫起來。這個哲理，這個叔本華（A. Schopenhauer）所謂的「心意」（Vorstellung），其實只是生存慾望的創造物，不過叔本華用「意志」(Willen)以代替生存慾望而已。由此可知哲理是人生的指南針，而爲生存競爭的武器。此外，我們又以「因果推理」爲推動社會現象的力量。原始社會常爲一種偉大的神秘力所控制，當時推理則表現爲怪誕的觀念，吾人稱之爲迷信（Superstition）。迷信的發生是因爲當時的人不能完全觀察萬物，以爲風、水、地、火、禽獸、草木都賦有仁愛及邪惡的靈魂。後來二三民族進化到黎明時代，才發生另一個探求因果關係的方法，吾人稱之爲科學（Wissenschaft）。科學之發生是由人類能夠完全觀察各種事物。今日科學實負有一種任務，卽掃除深入人心，牢不可破的迷信的任務。

生存慾望所產生的人類三個衝動——自己生存的衝動、種族保存的衝動及因果推理的衝動——創造了社會；而在社會之中，又發生了一個陵駕於一切之上的新衝動。那便是優越（Hochgeltung）的衝動——如其可能，人類必欲得到最高的優越——而爲一切社會現象的發動力。

荷馬（Homer）所著伊利亞斯（Ilias）一詩所提示的衝動，在比較進步的社會，可由科學、藝術、品德、運動場上的比賽得到滿足。但這個衝動須先獲得一個中間目標（Zwischengiel），而後方能達到最後目標（Endziel）。所謂中間目標就是財富（Reichtum）。因爲財富可以發生權力（Macht）。不，財富就是權力。權力是自由處分人類，福利（Wohlstand）是自由處分貨物。

結合爲社會的人類都是由這個理由出發，覓求財富的。何以故呢？人類有了財富，就能夠更豐富的，利用更高尙的手段，以滿足「饑和愛」，甚至於滿足他們的因果推理。我們若謂人類的最後目標在於取得財富，以增加自己的享樂，未免太過輕視人類，侮辱人類。財富只是一個中間目標，卽只是用以達到更高尙的最終目標的手段，用以獲得更偉大的優越權的手段。

不消說，財富只是一個中間目標。一切政治，一切經濟，猶如無數鐵道集中於一個交叉點一樣，可以還原爲財富的取得——這當然不能適用於極少數的忠烈之士——所以歷史之社會學的研究，也可以說是社會心理學的研究，若不應用經濟史觀（die ökonomische Geschichtsauffassung），換言之，若不探求人類取得財富的方法如何進化，絕不能得到良好的結果。不過我們不要忘記我們所研究的，只是手段，不是最後目標。

第一節　政治手段及經濟手段

人類受了生存慾望的催促，常用兩個根本相反的手段，取得生活資料，以滿足生存慾望：那便是勞動與刼掠（Arbeit und Raub），前者是自己勞動，後者是用暴力奪取別人勞動的結果。刼掠！暴力的刼掠！這由生活於優雅的文化之中，而財富又視爲神聖不可侵犯的現代人看來，必聯想到犯罪與監獄。其實，陸上及海上的刼掠，在原始的生活狀態之下，猶如今日戰爭業務（Kriegshandwerk）——老實說，在過去長時期中，這是一種有組織的刼掠——一樣，爲世人最敬佩的職業。因爲這個理由，所以我在本書須用簡潔、明瞭的名詞，來表示這兩個非常重要的相反現象。凡自己勞動，而又用價值相等的勞動，交換別人的勞動，以滿足慾望者，稱爲「經濟手段」（ökonomische Mittel）。反之，不出報償，刼掠別人的勞動，以滿足慾望者，稱爲「政治手段」（politische Mittel）。

這個想法不是完全新的，歷史哲學家早已注意這個區別，且欲把它編爲一個公式。但是他們所擬定的公式往往不能貫徹到底。卽他們不能明白認識，也不能充分說明此種區別非存在於目的，乃存在於手段。所謂手段就是用以達到取得經濟的消費物的目的。這是極重要的區別。倘若經濟目的（ökonomische Zweck）與經濟手段（ökonomische Mittel）不能嚴格區別，勢必引起極大的錯誤。馬克思一派的思想家就是其例。馬克思的理論竟然離開眞理，犯了錯誤，推其原因就是因爲不能明白區別滿足經濟慾望的目的與手段。因此，馬克思遂謂奴隸制度也屬於經濟的範疇（ökonomische Kategorie），而暴力則爲經濟力（ökonomische Potenz）之一種。這個似是而非的眞理比之誤謬，尤爲危險。因爲似是而非的眞理不容易發現誤謬，其結論常可使人陷入迷途*。

對於同一目的，我們若能明白認識其有兩個手段，則一切混亂可以避免。這是理解國家的發生、本質及目的之關鍵。現今一切世界史均是國家史，因此，它又是理解世界史之關鍵。全部世界史，從原始時代到現代文化，只有一個內容，在我們尚未創立自由市民團體卽大同社會以前，只有一個內容，那就是政治手段與經濟手段的鬪爭。

第二節　無國家的民族（狩獵民與淺耕農民）

國家是政治手段的組織，所以在經濟手段不能創造一定數量的財貨，以滿足慾望，而此財貨

*譯者案，此可證明社會學者的思想與馬克思主義者思想之不同。

又可以成爲刼掠的對象以前＊，國家決不會產生。是故原始狩獵民（Jäger）沒有國家，縱令比較進步的狩獵民，也必須他們在隣近之地，覓到更發達的經濟組織而征服之，而後才會組織國家。但是原始狩獵民大率生存於無政府狀態之下。

格羅塞（E. Grosse）關於原始狩獵民的生活，說明如次（註三）。

「他們沒有財產的差別，因之，身分上的差別也不存在。成年人在部落之內，皆有平等的權利。老年人因爲經驗豐富，稍有一點權威。但是別人對他卻沒有必須服從的義務。有些地方例如波多庫達（Botokuda）、中央加利福利亞、威達（Wedda）及明科比亞（Mincopie）之地雖有酋長（Hauptling），但酋長的權力微不足道。酋長不得違反部落民之意，而強行自己的主張。大多數狩獵民都沒有酋長，全部男人構成爲和睦而無差別的羣衆，只唯那些有符咒魔術的人稍受人衆的尊敬」。

故在該地決沒有一點公法學上的國家性（Staatlichkeit），至於社會學上的國家性當然更不存在。

原始淺耕農民（die primitiven Ackerbauer）的社會組織也和狩獵民的羣（Horde）一樣，沒有絲毫近似於國家。淺耕農民以鋤（Hacke）耘土，生活甚見自由——犂（Pflug）是比較進步的

＊譯者案，這是說一人一天的勞動，僅能維持一人一天的生活之時，不會產生國家。

註三　E. Grosse, Formen der Familie, Freiburg u. Leipzig, 1896, p. 39.

經濟組織的符號（Kennzeichen）。這種經濟組織只能存在於國家成立之後。換言之，犂是規模頗大而由農奴（Knecht）經營的農地的符號（註四）——尚未建設國家。淺耕農民彼此孤立，各有田宅，而散居於鄉間，他們每因境界與田界之爭，而至分離。他們有時亦訂盟約，結爲團體，然其團體生活亦不過依血統相同、言語相同、信仰相同、極鬆懈的組織起來。他們每年也許有一次集會，祭祀祖先或種族神（Stammesgottheit），而絕沒有一個權力能夠管轄全部羣衆。各村（Dorf）的酋長或部落（Gau）的酋長常依其個人性格，尤依其魔術力之有無，在極小範圍內，行使權力。古諾（H. W. C. Cunow）說明印喀(Inka)人未侵入以前的秘魯淺耕農民的生活（註五）如次：「許多獨立的種族（Stamm）互相戰鬪，毫無統制，其內部又依血統關係，分裂爲各自獨立的地域團體」。其實，新舊兩世界的原始農民都是屬於此種形式。

第三節　國家發生以前的各民族（遊牧民及海上冒險家）

遊牧種族（Hirtenstamm）雖然孤立生存，但卻有組織國家的條件。其實，遊牧民（Hirten）比較進化的，大率都已建設國家。不過他們國家缺少現代國家的一個要件，卽國民不能在一定領

註四　Ratzel, Völkerkunde. 2 Aufl. Leipzig u. Wien 1894/5 II. p. 392.

註五　Die soziale Verfassung der Inkareichs. Stuttgart 1896. p. 51.

土之內作定住生活*。

經濟是組織國家的條件，縱令沒有暴力擾亂經濟，而在遊牧生活，財產及收入不平等，也有發生的可能。今試假定最初牲畜之數完全相同，但是不久之後，必定發生一種結果，有的人比前富裕，有的人比前貧窮。最勤勉的飼養人，其牲畜必年年增加。最細心的看守人及最勇敢的獵人，也能保存其牲畜，而防止野獸之來襲。運命的好壞也有關係，有的發見優良的牧場及淸潔的水流，有的因爲癘疫、風雨、隕霜，而完全喪失其牲畜。

財產的差別常常引起階層的差別，貧窮的牧人不能不受雇於富裕之家，屈伏於別人之下，而服從別人的指揮。在舊世界三大陸中，凡是遊牧生活的地方，我們都可以發見同樣的事例。邁曾（F. Meitzen）關於諾威的拉布（Lappe）遊牧民有所報告：「三百匹牲畜可以維持一家生計，若只有百匹，則須受雇於千匹牲畜之家」（註六）。他對於中央亞細亞的遊牧民，又說：「一家要快樂生活，須有三百匹牲畜；只有百匹，便是貧人，而須負債，淪爲奴隸，而耕耘主人的田」（註七）。拉則爾（F. Ratzel）關於非洲的荷登拖特人（Hottentotten），說道：「一無所有的人常求雇於豪富，其唯一目的在於得到牲畜」（註八）。拉斐勒（Laveleye）關於愛爾蘭，也有同樣的

*譯者案吾國古人稱之爲行國。

註六 Siedlung und Agrarwesen der Westgermanen usw. Berlin 1895. I. p. 273.

註七 I. c. I. p. 138.

註八 Ratzel, I. c. I, p. 702.

報告，他以爲 Systeme feodal（封建制度）的起源和名稱，是與豪富將牲畜貸與貧人有關，所謂 Fee-od（牲畜的所有）乃是最初的采地（das erste Lehen），而豪富將貧人當做奴僕，在債務尚未還清以前，強迫他們耕墾土地。

老年人爲增加自己的牲畜，若能利用族人（Clangenosseen）的迷信，則縱在和平的遊牧社會，經濟上的差別以及社會上的差別，亦可由族長權（Patriarchat）及僧徒職務的結合，更爲強大。關於此點，我不想詳細討論。

但是這個差別在政治手段尚未發揮作用以前，其程度亦甚有限。關於飼養的技巧及才幹是不會遺傳的。一個天幕之內，生下許多兒童，及其壯大，牲畜不能不瓜分，由是此輩兒童都貧窮了。在今日瑞典的拉布人（Lappen）之中，最富裕的亦往往不久變爲赤貧，乃至於依賴政府的救濟。此種原因可把原始狀況不斷的再建起來，使各人在經濟上和社會上能夠平等。「遊牧民愈和平，愈濛昧，愈單純，其財產的差別亦愈減少。古昔蒙古王公得到一撮煙葉，一塊砂糖，或二十五戈比（Kopeke）的貢物，便歡喜欲狂。這個事實眞是可憐之至（註九）。

政治手段永久的、強烈的破壞這個平等。「在戰爭能夠刼掠財富的地方，奴隸、婦女、武器及馬匹等財產差別，必甚顯明。（註一〇）

註九 Ratzel, I. c. II. p. 555.
註一〇 Ratzel, I. c. II. p. 555.

奴隸的所有！遊牧民是發明奴隸的人。他們依奴隸制度，首先創造人對人的經濟剝索，由此又創造國家的雛形＊。

狩獵民也有戰爭，也有俘虜，但是他們不以俘虜爲奴隸。他們或屠殺俘虜，或把俘虜編爲自己的種族。狩獵民不需要奴隸。狩獵之所得雖然同穀物一樣，儲藏頗多，但不能以之爲資本。資本是財產的淵源，須求助於別人的勞動力，方能增加。惟在這個經濟階段，而後以人類爲工作動力（Arbeitsmoter）才會發生。

最先達到這個階段的是遊牧民。牲畜數量不多。那就不必求助於別人，只用一家之力，亦能集中牲畜於一處，預防其爲野獸所食，或爲強盜所掠。在政治手段尚未採用以前，別人的協助不甚重視，最多不過求助於同族的貧人或異族的逋逃民。此輩貧人或逋逃民常隸屬於牲畜孳息之家，而受其保護（註一一）。有時，整個遊牧民集團竟然願意以半自由民的身分，加入富裕的集團，而代其工作＊。「一切人民都依財產的差別，取得相當的地位。極窮的通古斯人（Tungusen）常

＊譯者案亞當斯密也有此種見解。

註一一　照拉則爾（Ratzel, I. c. II. 214）說，例如奧凡保人（Ovambo）之中有一部分人「似在奴隸的地位」。又據拉菲勒（Laveleye）之言，古代愛爾蘭人也是如此。

＊譯者案，吾國在魏晉南北朝時代，一般貧民爲避免流寇的刼掠，常投靠於豪族的塢堡之中，把土地交與豪族，再由豪族那裡領取土地而耕作之，但須將一部分的農產物奉獻豪族，而自居爲豪族的奴客。

移住於都克森人（Tschuktschen）居住地附近。因爲都克森人有很多牲畜，通古斯人可在該地覓求牧人的職業，其工資則爲牲畜。又者烏拉（Ural）的沙摩熱德人（Samojeden）所以被錫爾查尼人（Sirjanen）征服，完全因爲前者的牧場漸給後者占領（註一二）。

上文所舉最後之一例，也許可以視爲例外，這固然有似國家，但在氏族（Clan）之中，沒有資本，又缺乏勞動力，當然不能飼養很多的牲畜。大凡飼養牲畜，須將牲畜分散於各處。何以故呢？人們對於瑞士的阿爾布（Alp）的經濟，常常說，一個牧場如果太擠（überstossen），換言之，一個牧場如果飼養牲畜太多，其結果，牧場必至荒蕪。要使牲畜不至全部喪失，須將牲畜分散於各處牧場。如是，癘疫、風災只能侵襲一部分牲畜，而強盜亦不能一舉就把全部牲畜刼走。因此，赫勒羅斯人（Hereros）之稍富裕的，除主要的牧場外，必有許多其他牧場，託諸弟或親戚看守。苟無諸弟及親戚，亦必派可靠的老僕看守」（註一三）。

由於這種原因，遊牧民多不屠殺戰爭得到的俘虜。常把他們爲牧場奴隸*，強迫他們工作。我們於斯基登人（Skythen）的祭祀，可以看出：屠殺俘虜如何進化爲編制奴隸之迹。他們於俘

註一二 Ratzel, I. c. I. p. 648.

註一三 Ratzel, I. c. II. p. 99.

*譯者案，例如戰國時，魏有「廝徒十萬」，司馬貞索隱云：「廝，養馬之賤者，今起之爲卒」（史記卷六十九蘇秦傳）。案周代之制，凡俘獲異族以爲奴的，多令之養馬（參閱周禮注疏卷三十六司隸）。

虜每百之中，只犧牲一人，供獻於神壇之前。理伯爾（Lippert）報告這個事實，承認「俘虜的屠殺已受限制。且說：「其理由是俘虜變爲奴隸之後，對於遊牧民有很大的價値」（註一四）。

遊牧種族之中，有了奴隸，國家——只唯人民不在一定領土之內，作定住生活——在實質上已經完成。此種國家以統治爲形式，以經濟上侵削別人勞動力爲內容。從此以後，經濟的差別及社會階層的構成，便迅速的長成。豪富的牲畜巧妙的分散於各處牧場，而又有武裝奴隸代其看守，這比之一般自由民的牲畜，看守必更嚴密。豪富不但能夠維持其原有牲畜之數，且其牲畜的增加率又比較自由民的爲速。因爲豪富可比例他們派往戰場的兵士（此兵士沒有自由）人數，分得更多的捕獲品。同時，僧徒的職務擴大，又加甚了本來平等的族人的裂痕，終則豪富子弟成爲貴族，而與貧窮的自由民相對立。「紅色人（die Rothäute）縱在最進步的組織中，沒有貴族，也沒有奴隸*。他們的組織在這一點上，根本與舊世界不同。貴族與奴隸乃發生於遊牧民的族長制（Patriarchat）之內」（註一五）。我們在一切進步的遊牧民之間，都可以看到貴族（用聖經之語來說，他們是 Fürsten，der Stammhauser 卽大宗主）、自由民、奴隸三種階層的分立**。據孟森

註一四 Lippert, Kulturgeschichte der Menschheit. Stuttgart 1886, II. p. 302.

*原著者謂 Lippert 的報告不甚正確，美洲西北部的狩獵民及漁撈民比較開化，且有一定的住所，其中有貴族，也有奴隸。

註一五 Lippert, I. c. II. p. 522.

**譯者案吾國於唐堯時，社會階級似亦分爲三層。尚書堯典：「克明俊德，以親九族。九族既睦，平

章百姓。百姓昭明，協和萬邦，黎民於變時雍」，卽當時身分似已分爲九族百姓黎民三種。九族卽帝族，孔潁達疏云，「九族，帝之九族也」。百姓似指自由民而得爲各種職官者。孔潁達疏云：「百姓卽百官也」。古者官有世功，則受氏姓（參閱孫星衍尙書今古文注疏）。至於一般平民，均無氏姓。黎民，蔡傳，「黎黑也」，故黎民猶言黔首。孔傳，「黎衆也」，故黎民卽指庶民，而爲百工及其他卑賤之役者。當然在此三級之外，尙有奴隸之類。

（T. Mommsen）說（註一六）：一切印度、日耳曼民族都有奴隸制度。這句話可以適用於亞利安人（Arier），亞洲及非洲的色目人、蒙古人；又可以適用於哈密人（Hamiten）。在沙哈剌（Sahara）的一切福爾伯人（Fulbe）之間，「社會分爲君王、酋長、平民及奴隸」（註一七）。凡是法律上承認奴隸的地方，我們都可以發見同樣的事實。例如荷華人（Hova）及其波里尼西亞（Polynesia）的同族人（註一八），卽所謂「海上遊牧民」（See-Nomaden）也是一樣。環境相同，不問皮膚顏色如何，人種如何，人類的心理常常發生同一的社會制度。

如是，遊牧民便知道了戰爭的利益，其以人類爲奴隸，而侵削其勞動力，積而成俗，自是勢之必然。此外，我們尙須知道他們的生活方法可以刺激他們，使他們樂於使用「政治手段」。他們的性質是和原始狩獵民一樣的敏捷和果敢，而其身體且比較狩獵民強壯。因爲狩獵民取

註一六　Röm. Geschichte, 6 Aufl, Berlin 1874. I. p. 17.

註一七　Ratzel, I. c. II. p. 518.

註一八　Ratzel, I. c. II. p. 425.

得食物不易，其身體不能完全發育。遊牧民飲牲畜的乳，食牲畜的肉，他們身體發育是很完全的。亞利安的牧馬人，亞洲及非洲的養牛人——例如蘇魯人（Sulu）——無不如是。其次，遊牧民的人口常比狩獵民爲多。這不但因爲成年人可由一定地域得到較多的食物，且又因爲獸乳可以縮短母親哺乳的期間，使她們能夠多生子女，而個個子女又能夠長大成人。因此，舊世界的牧場高原常成爲人種的源泉，其過剩的人口像狂瀾一樣，向四方奔流。

我們在遊牧民之中，又可以發見其戰士比較狩獵民爲多。每一個牧人已經孔武有力了，全體集合起來，至少也和狩獵民一樣的活潑。其中乘駝騎馬的更是活潑無比。其集團由健康的人組織之，常在族長的嚴格監督之下，結爲一體。這位族長又因爲指揮奴隸，長於統治。他們的業務產生了此種組織，又使此種組織日益發達；比之狩獵民約束服從一位首長，而服勞精神不甚旺盛的，其組織當然鞏固多了。

狩獵民最好是人自爲戰，或以小集團而行動。反之，遊牧民惟於結成大隊之時，活動始覺有利。他們加入大隊，不但個人可以得到周到的保護，而且大隊無異於一個軍隊，他們休息的地方成爲武裝的營壘。舉凡戰爭的技術，嚴格的紀律，確實的訓練無不隨之發達。拉則爾（Ratzel）說，「太古以來，天幕內的秩序足以訓練遊牧民的生活，這是不容疑的事。每一個人，每一個物，在天幕內都有傳統的確定位置。凡收拾營帳，布置營帳，無不迅速而有秩序。任誰沒有接到命令或沒有迫切的理由，都不得改變自己的位置。天幕及其一切行李能於倏忽之間包裝起來，攜之前進，完全因爲有此嚴厲的紀律」(註一九)。

太古傳來的紀律，卽遊牧民在畋獵時，戰爭時，以及和平的遷徙時受到訓練而養成的紀律，對於他們行軍，乃有極大的作用。他們成爲職業的戰士，當國家尚未發達爲更高級，更鞏固的組織以前，他們確實所向無敵，如入無人之境。牧人與戰士合一，這是他們的本質。拉則爾（Ratzel）關於中央亞細亞遊牧民的說明可以適用於一切遊牧民。「遊牧民由經濟的概念言之，是一個牧人，由政治的概念言之，又是一個戰士。他們可從任何工作中，立卽變成武士或強盜。他們一切生活都有和平與戰鬪，誠實與刼掠兩個不同的性質。環境變更，他們立卽發揮兩個性質之一。漁撈及航海一旦歸於裏海東部的土耳其人手上，可以迅速變爲海盜行動……牧人的生活外形上雖似和平，然而同時又會養成其爲戰士。他們所用的鉤鐮可以變爲武器。秋高馬肥，羊毛已剪，他們又想到復讎或刼掠（卽所謂 Baranta，直譯之，是製造牲畜或竊取牲畜之意）。這是一種腕力權（Faustrecht）的表現。在發生訴訟之時，在發生名譽紛爭之時，或在血鬪之時，腕力權可於敵人財產之中，要求最有價值的牲畜，以作報償及保證。青年從來未曾參加 Baranta 的，須先取得 Batir（勇士）之號，而後始能受人尊敬。一切歡樂均與冒險的慾望結合，而發達三個遞降的階段（die dreifache, abwärtsführende Stufenreihe），卽復讎人（Rächer）、勇士（Held）及強盜（Räuber）(註二〇)。

註一九 Ratzel, I. c. II. p. 545.
註二〇 Ratzel, I. c. II. p. 390–391.

不但陸上遊牧民如此，就是海上遊牧民（Seenomaden）即所謂海盜（Wiking）也是一樣。在世界史最重要的事例中，海上遊牧民只是陸上遊牧民遷徙於大海而已。

以下所舉之例不過於無數事實之中，略舉一二，說明遊牧民在戰爭時，使用船舶即海上的馬（Rosse der See）以代替馬匹即陸上的舟（Schiffs der Wuste），裏海東岸的土耳其人的生活便是如此（註二一）。此外，斯基登人（Skythen）也可以視爲一例。「流浪的牧人」（Wanderhirten）荷馬（Homer, Ilias XIII, 3）稱之爲「可敬的騎士，飲牛乳的人，毫無所有的人，世上最正直的人」，一旦從其近隣，會學了航海技術，便和波羅底海的斯堪的那維亞（Skandinavien）的同族兄弟一樣，變成勇敢的航海家。斯特拉波（Strabo, Cas., p. 301）說：「他們出海，便成海盜，不惜殘殺異族，他們變壞了。他們和許多民族交通，以逐末爲生，而又不惜揮霍，遂致全部收入完全用光」（註二二）。

當腓尼基人（Phönizier）尚屬於「色目人種」（Semiten）的時候，他們在世界史上亦供給一個重要的實例，即由陸上伯籌勒人（Land-Beduinen）變爲海上伯籌勒人（See-Beduinen），而爲海盜，太古時代小亞細亞、達爾馬地亞（Dalmatia）或非洲北海岸的民族，人口蕃庶，其情形也是一樣。據埃及各地所殘存的古代紀錄（順便說一句，當時埃及不許希臘人入國）（註二三）。此等

註二一 Ratzel, I. c. II. p. 390-391.
註二二 Lippert, I. c. I. p. 471.
註二三 Kulischer, Zur Entwicklungsgeschichte des Kapitalzinses, Jahrb. f. Not-ök. u. Stat III.

Folge, 18. Bd. Jena, 1899. p. 318. （Strabo 說，搶刼是因爲土地的生產不能供給人口的需要，故欲奪取外國的土地）

民族從太古而至近代（在近代成爲李夫種族（Rifpiraten）的海盜），不斷的刼掠地中海沿岸國家。北非洲的穆爾人（Mauren）——他們最初與亞拉伯人及伯爾伯人（Berber）不同，其後因爲互相通婚，成爲混血種，一變而爲陸上遊牧民——實是這個變遷的最好例子。

海上遊牧民卽海上強盜（Seerauber）有不經牧畜生活的中間階段，而直接由漁撈民（Fischervölker）變化的來的。我們已經研究遊牧民所以比較淺耕農民優秀的原因。遊牧民人口較多，其團體活動可使個人勇敢，富有決斷心，而對於整個的羣衆又得施以嚴格的訓練。此數者都可以適用於海上的漁夫。富饒的漁撈地可使人口蕃庶，美洲西北部的印第安人就是其例。在這個地方，奴隸漁撈之所得比之奴隸生活費爲多，奴隸有發生的可能，所以此地印第安人就有奴隸制度。而在自由民之間，經濟上若不平等，其結果必和遊牧民一樣，發生一種財閥政治（Plutokratie）。不問什麼地方，指揮奴隸的習慣常可產生統治的習慣及運用「政治手段」的興趣。他們職業——航海——所需要的嚴格訓練更可使他們滿足這個慾望。集體漁撈所必要的，乃是船員的訓練。船員在一艘大船之內，必須選擇一位領袖，絕對服從領袖的命令。漁撈能否成功，完全懸於船員肯否服從。船內的統治可以釀成國家的統治。例如「所羅門羣島的住民，世人均視之爲純粹的野蠻人，但是他們的生活尙有一個要素結合他們的力量，那便是航海」（註二四）。美洲西北部

註二四 Ratzel, l. c. p. 123.

的印第安人所以不能成爲優良海盜，乃是因爲他們的近隣沒有一個地方文化比較進步。但一切比較進化的漁撈民大約都是海盜。

因爲這個理由，海盜遂和遊牧民一樣，能夠選擇「政治手段」以作他們經濟生活的基礎，又能夠建設大規模的國家。此後，我們試稱他們所建設的國家爲「海國」（Seestaat），以與遊牧民所建設的「陸國」（Landstaat）區別。關於海國，待後當詳細討論，現在先說明國家的發生，原始國家的發生。卽先研究陸國，而後再來研究海國。因爲海國的本質，原則上與陸國相同，不過其發達過程不如陸國那樣顯明而已。

第四節　國家的誕生

狩獵民比遊牧民少，其戰鬥力亦比遊牧民弱，他們一旦與遊牧民發生衝突，往往不能抵抗，而只有遁入高山深嶺。高山深嶺沒有牧場，所以遊牧民不願窮追，亦不能窮追。遊牧民或亦征服他們，與他們結成一種保護關係（Klientenverhaltnis）。這在非洲，尤其於太古時代，是常常有的。當希克索人（Hyksos）侵入埃及之時，已有狩獵民與其同行。狩獵民受到保護，常進貢其狩獵之所得以作報酬，並爲遊牧民偵察敵人或守衛營壘。但狩獵民是實際的無政府主義者，他們寧受死刑，不願作規則的勞動，因此之故，雙方雖然衝突，而卻不能產生國家。

農民未曾參加過實際戰爭，他們若以沒有訓練的兵士來作戰，縱令人數較多，亦必不能長期抵抗遊牧民的襲擊。但是農民不能逃亡，他們附着於土地之上，而慣於規則性的工作。他們既然不能離開土地，勢只有投降，向征服者繳納賦稅，這就是舊世界的陸國誕生的過程。

新世界沒有家畜如鹿、馬、駱駝之類，所以遊牧民不能存在，而只有狩獵民。他們長於使用武器，而又受戰爭的訓練，所以比較淺耕農民優秀。「在舊世界，產生文化的遊牧民與農耕民的對立，在新世界，變爲遊動種族（wandernden Stämmen）與定住種族（ansässigen Stämmen）的對立。蠻族的一團，其軍事組織已經高度發達，由北方侵入，有似於伊朗人（Iran）及都蘭人（Turan）不斷的向農耕的托爾忒克人（Tolteken）挑戰(註二五)。

這不但是秘魯及墨西哥如此，美洲全土無不皆然。此種事實可以證明人類的本質縱是到處相同，苟其經濟的地理的條件有別，亦將發揮不同的作用。人類只要有力量，有機會，必放棄經濟手段，而採用政治手段。豈但人類如此，據梅特林（Maeterlinck）的「蜜蜂生活」（Leben der Bienen）所說，蜂羣一旦有了經驗，知道它們無須孜孜工作，可用刼掠方法，從別個蜂巢，取得蜂蜜，則本性墮落，不肯再用經濟手段，由是勞動蜂就變成強盜蜂。

美洲新大陸的國家組織，因爲其於世界史上沒有多大的意義，姑捨而不談。我們必須知道淺耕農民與遊牧民，勞動者與刼掠者，平原地帶與放牧高原的對立乃是一切歷史的動力，而爲一切國家發生的原因。拉則爾（Ratzel）由地理學的觀點，來研究社會學。關於上述問題，曾有明白

註二五 Ratzel, I. c. I. p. 591.

的說明。「遊牧民的生活不是單單破壞土著文化，要證明這個事實的正確，我們必須考察一切種族，一切國家尤其是強大的國家。遊牧民愛戰的本性乃潛藏着創造國家的巨大力量。這個力量表現於蘇丹（Sudan）國境的——在此地，最初互相讎視，其次因有共同利益而互相結合，但其融和程度尚未充分發達——比之表現於遊牧民王朝或遊牧民軍隊所支配的亞洲大國，例如土耳其人所征服的波斯，蒙古人及滿洲人所統治的中國，蒙古人及拉什布登人（Radschputen）所控制的印度各國，尤爲顯明。遊牧民的侵略有偉大作用，可以促進文化，但不是發生於和平的文化運動，而是發生於他們好戰的行動，最初不但反抗文化工作，有時且破壞和平的文化活動。關此，我們只要觀察遊牧民與農耕民接壤比隣之地，就可明白。這種侵略之有意義是在於遊牧民能夠結合那些散漫的土民，但此際遊牧民亦可由被征服的人那裏，學點東西……案被征服的農耕民雖然勤於工作而敏於思考，但卻沒有統治的意志及能力，也沒有鬪爭的精神及信念，以建設國家的法制及紀律。蘇丹窮困的君長生於沙漠之地，其統治黑人，猶如滿洲人之統治中國人民。國家常建設於豐饒的農業區與廣大高原相毘連之處。這個事實千眞萬確，由鼎布圖（Timbuktu）而至北京一帶之地都可以適用。在此區域之內，土著農民的高級物質文明常供爲最剛強、善統治、能戰鬪的高原征服者的利益之用（註二六）。

遊牧民或海盜種族征服農民而建設國家之時，可分爲六個階段。我們說明其階段，並不是說

註二六　Ratzel, l. c. II. p. 370.

個個國家的發展均須一級一級的經過階段全部。固然六個階段不是虛構，世界史及民族學有許多實例證明每個階段之眞實。不過有些國家很像曾經過全部階段，而大多數國家則常踰越階段中的一級或數級。

第一階段是邊境的刼掠與屠殺，沒有和平，沒有休戰，戰事無限制的反覆不已。青年被屠殺了，婦孺被刼走了，家畜被奪去了，村落被焚毀了。攻擊者最初縱令敗北，但他們復仇之念甚強，因之他們團結愈益鞏固，一旦捲土重來，其勢更見猛烈。農民有時集合起來，組織義勇隊，也許能夠抵抗敵人，暫時保全苟安的局面。但是農民不易動員，而沙漠之地又不能供給農民軍隊以糧食。農民軍隊比其敵人之能携帶牲畜的，大不相同，無法携帶糧食的資源（譯者案此句似指土地）——在現代，尚有同樣的例，我們於非洲西南部，可以看到德國軍隊雖然紀律良好，戰鬪力甚強，而又有火車鐵路爲其運輸輜重，更有德國數百萬軍人爲其後援，但欲打勝少數遊牧民隊伍，曾嘗了許多難苦——兼以農民軍隊思鄉之心甚切，他們出征，田園不免荒蕪，因此之故，人數少而容易團結，容易動員的團體遂能征服人數多而散漫的農民團體，猶如野豹之征服牛羊一樣。

這是國家構成的第一個階段，國家或只停止於這個階段，經過數百年或數千年而不能前進，下列所舉是一個顯明的例。

「吐谷曼種族（Turkmenenstamm）的牧場常與寬廣的地區毘連。人們稱之爲「刼掠區」（Raubgebiet）。哥剌散（Chorassan）的北部及東部，數十年來，與其說是屬於波斯（名義上由波斯統治），不如說是屬於邊境高原的吐谷曼人、約木登人（Jomuden）、哥克蘭人（Goklanen）及其他別的種族。基瓦（Chiwa）及波加拉（Bochara）的邊境亦同樣的落入忑金森人（Tekinzen）之手，直至利誘威迫其他吐谷曼種族承認該地爲緩衝地帶時爲止。太古以來，中國人便占領了世界史上交通孔道，如迦米草原（Oase Chami）之地，由此以控制中央亞細亞的高原。但貫通這個地方而橫亘亞洲東西的草原地帶的歷史卻提供了無數類似的實例。遊牧民或來自北部，或來自南方，無不想法占領這個肥沃的草原。他們之視這個草原無異極樂之島（Inseln der Grückseligen）。每一牧羣不問其帶走鹵獲或戰敗遁歸，高原都可以保護其來去自由。蒙古人勢力減少，西藏人代之而興，雖然激烈的威脅可以避免，而最後又有洞迦湼人（Dunganen）的興起，這都可以證明遊動種族之侵襲文化島（Kultureilanden）如何容易。當中央亞細亞尙有未耕墾的高原以前，遊動種族的侵襲是無法避免的。反過來說，遊動種族的侵襲能夠消滅，而後這個高原方能安全占領（註二七）。

舊世界的全部歷史充滿了民族移動之事。民族移動的目的不在於征服，而在於刼掠，故其移動亦屬於國家發生的第一階段。西歐全土飽受其禍，陸上有刻爾特人（Kelten）、日耳曼人、匈奴人、阿瓦爾人（Avarer）、亞拉伯人、馬耶人（Magyaren）、韃靼人、蒙古人及土其耳人。海上有海盜（Wikinge）及沙拉森人（Sarazenen）。此等民族越出其本來刼掠的地域之外，泛濫

註二七　Ratzel, I. c. II. p. 390-391.

於歐洲全土，暫時很像消滅，不久又復出現，他們經過之地，只遺留一片荒郊。他們有時於其闖入的領土之上，建立永久統治農民的制度，其狀有似於一躍卽達到國家構成的最後階段卽第六階段。拉則爾（Ratzel）描寫民族移動的情況如次：「遊牧民的移動形式不似細流那樣，一點一滴，慢慢進行。他們以強大的威力，離開中央亞細亞，浩浩然，蕩蕩然，向其隣近各地前進。此處的遊牧民是和亞拉伯及非洲北部的遊牧民一樣，生活活潑，又能在共同目標之下，結合大衆，成爲一個組織體。生活活潑正是遊牧民的特徵，他們由於活潑的動作，更由於族長的種族制度（die patriarchalische Stammerzusammenhange），很容易發達爲專制的權力。這樣，就發生了大規模的民族移動。涓涓不息，便成江河，民族移動有似於此。它由於人類生活的需要，初僅細流，漸成巨浪。其於歐洲歷史，固有重大的意義，而於中國歷史、印度歷史、波斯歷史，也有重大的意義。他們携帶自己的妻子奴隸車輛家畜以及一切財產，彷徨於自己牧場之上，終而流入鄰近的地方。他們驅逐原住民，搶刼糧食，像波濤一樣，滾流於其所征服之地。他們帶來了一切物品，他們又使用一切物品，殖民於其新居的地方。他們最後定住地所以在民族學上有研究的價値，職此之故。我們於此，又想到馬迦人（Magyaren）之侵入匈牙利、滿洲人之侵入中國，以及土耳其人之侵入波斯至亞特里亞（Adria）一帶之地（註二八）。

凡關於哈密族（Hamit）、色目族、蒙古人以及亞利安遊牧種族——至少其中一部分——之

註二八 Ratzel, l. c. II. p. 388-389.

言，亦得用以說明純粹的黑人尙作遊牧生活者。卡菲（Kaffern）的遊牧種族，居無定所，性愛戰爭，有發展膨脹的精力，只要外部有引誘的目標，這個精力便可發揮作用，根本改變那廣大範圍的種族關係。非洲東部有這種目標：是地一方有沃土肥壤，許農民發展，他方又與腹地不同，其氣候適宜於牧畜。遊牧民既與農民爲鄰，當然自始就不斷的加以壓迫。卡菲的遊牧種族有似狂潮巨浪，侵入豐饒的撒伯西（Zambesi），又侵入坦喀尼山脈（Tanganyika）與海岸之間的高原。在此處，他們於烏楊威西（Unyamwesi）之地，遇到瓦都西族（Watusi），它是哈密族由此南下的先鋒。在此區域之內，原住民或被屠殺；或淪爲奴隸，耕種他們從前尙未開墾的土地；或繼續作戰，或在侵略而未破壞的土地上，過其和平的生活」（註二九）。

這個事件都是我們所目擊的，有的還在該地進行。幾千年來，這個事件震撼了非洲東部，由撒伯西（Zambesi）而至地中海一帶之地。埃及因受希克索人（Hyksos）的侵略，屈伏於東部及北部沙漠地帶的遊牧種族的鐵蹄之下，約有五百年之久。此等種族就是「今日還在尼羅河（Nil）與紅海之間飼養牲畜的種族的同種人民（註三〇）。在許多國家之中，它是最先創立的國家。在尼羅河流域及其南方各地，除剛果南邊的木阿達賛福（Muata Jamvo）王國——十六世紀之末，葡萄牙人

註二九　Ratzel, l. c. II. p. 103-104.

註三〇　Thurnwald, Staat und Wirtschaft im alten Ägypten, Zeitschrift f. Soz. Wissenschaft Bd, 4(1901) p. 700-701.

之行商於安哥拉（Angola）的，已經知道這個國家——以及現代漸次爲歐洲軍隊所征服的烏干達（Uganda）帝國之外，其他國家都是如此建立起來的。「沙漠與農耕地帶接壤比隣，必有戰爭，戰爭形式是同樣而又反覆不已」（註三二）。

「同樣而又反覆不已」，這正是世界史的本質。人類的心理不問在什麼地方，其本質是相同的，環境對此心理若給與以同一影響，則在地球各處，不問熱帶、溫帶，其對於一切顏色的人種，必將引起同一的反應。我們必須博覽歷史，取高超的觀點，勿令枝節細事掩蔽了偉大的集體運動（Massenbewegung）的本質。能夠這樣，我們的眼光才可以忽略那戰爭，移住及工作的外表（Modi），而知其實質（Substanz）是永遠的相似，不斷的更新，永久的繼續，並於「一律法則」（einförmigen Gesetze）之下，告訴吾人。

由第一階段漸漸發生第二階段。在這階段，農民經過許多失敗，遂嘆命運不佳，停止反抗。這個時候，兇暴的遊牧民已經知道屠殺農民，就無法耕種，砍倒果樹，就不能結實。於是他們爲自己利益打算，務使農民能夠生存，務使果樹能夠植立。他們出征的時候，固然還是和過去一樣，駿馬長戟，全副武裝，但是他們已經不是爲戰爭而戰爭，爲刼掠而刼掠。他們有時雖然尚有焚屋殺人之事，但亦必以保全自己的威嚴或平定農民的反抗所必要的爲限。遊牧民均有一種確定的習慣法——這是一切國法的萌芽——只奪取農民的剩餘生產物，而留着房屋器具及次期收穫

註三二 Ratzel, I. c. II. p. 404-405.

以前的食糧給農民*。在第一階段，遊牧民恰似一匹熊，爲刼取蜂蜜，而破壞蜂巢。在第二階段，他們又似一位養蜂人，留蜂蜜於蜂巢，使其能夠渡過嚴冬。

第二階段比之第一階段，有很大的進步，經濟上及政治上均有進步。遊牧民的職務至是才成爲純粹的職業。貪一時享受，濫用一切貨財，不顧後來之結果，這是可以破壞財源的。現在他們進步了，一切經濟均以家庭生計爲基礎，顧慮將來的需要，而限制眼前的享樂。其結果，遊牧民遂知道蓄積資本。政治上也有長足的進步，血統不同的人從前視之爲野獸，現在成爲財富的源泉而有價值。這個過程是一切隸屬、壓制、侵削的開端，同時又是社會跳出血統的家族而進入於較高形式的起源。過去看見敵人，就想屠殺，現在則有法律關係，且以法律關係爲線索，彌縫刼掠者與被刼掠者之間的裂痕。到了這個時候，農民也有取得生活必需品的權利。凡殺戮無抵抗的人或刼掠其一切物品，也視爲不正（違法）行爲了。不但此也，極細的線索又織成薄弱的網，過去關係是刼掠，刼掠一切，不惜以血相見，現在則進化爲人道主義的關係。遊牧民與農民相見，不是怒罵鬪爭，而是靜聽農民的悲訴或採納農民的正當要求。「己所不欲，勿施於人」（was du nicht willst, das man dir tu)，此種道德規範過去只實行於同一血統、同一種族之間，現在又忸

*原著者謂：「征服者常因糧食有限，而不能養活多數奴隸。他們征服奴隸全體，除維持奴隸生命所必要的財物之外，他們盡奪取之。他們遊歷沙漠中一切肥沃之地，於收穫期來臨之時，刼掠該地住民。這是沙漠所特有的統治」（Ratzel, 於 I. c. II. p. 393 敍述阿拉伯人的生活。）

忸怩，漸次應用於血統不同的人。於是又發生偉大的外部融合過程（ausseren Verschmelgungs-prozess）的胚子。此後由小羣而種族，由種族而民族，更進而發生「人類」（Menschkeit）的觀念，可以說都是由這胚子發育出來。人類的感情由憎恨怨怒進化爲基督教及佛教的博愛，卽過去分裂的，現在統一之，也是由這胚子發育出來。

征服者赦有被征服者的生命，以便經濟上永久利用他們，這在世界史上實有極大的意義。在這瞬間，民族與國家發生了，法律與高等經濟發生了，此後無限制的發展及分化亦萌芽於此。這種發展及分化到了今日還繼續進行，我想今後亦必繼續進行。人間一切事物，不但國家、法律、經濟，甚至於仁愛及藝術，其根蒂亦潛伏於從來獸性所控制的黑暗世界之中。

不久之後，又加上了另一個線索，把這種精神的關係更密切的聯結起來。沙漠之地，除變爲養蜂人的熊之外，尙有其他的熊搜索蜂巢之所在。遊牧民常防止他們來攻，用武力保衞自己的蜂巢。農民認爲危險迫切之際，亦求援於遊牧民。遊牧民已經不是強盜與兇手，而是農民的保護人救助人了。當遊牧民隊伍把刼去的婦孺及敵人的首級携歸農村之時，我們試想農民如何歡悅，所以此時結合他們的，已經不是軟弱的線索，而是堅固的鎖鍊了。在這裏，就發現了非常偉大的結合力。這個結合力依後來的發展，把血統不同、言語不同、種族不同的兩個人羣，鍛鍊爲言語相同，習慣相同，感情相同的一個民族。在同一民族之間，又依共同的悲痛與災難、共同的勝利與敗北、共同的歡悅與憂愁，更團結起來，於是人類世界又展開一個新的境界。主人與奴隸爲共同利益而行動，他們兩者之間有互相同情之感。各方了理對方，認識彼此共同的人性。從前因體格與服裝之不同，言語與宗教之不同，引起反感及憎恨，現在漸漸感覺相同之處。其初尚依言語之相同，後來連精神方面，也能夠互相了解。精神關係之網若愈細密，則其團結更見鞏固。

在第二階段，國家的本質可以說是業已發生，此後不問如何發展，其意義必不比第一階段進化爲第二階段重要，換句話說，卽由攻擊蜂巢的熊進化爲養蜂的人，這是最重要的事件。

第三階段是農民把自己的剩餘生產物，用貢賦（Tribut）的方式，定期獻納於遊牧民的營壘。這種方法對於雙方都是有利。在農民，過去課稅方法不免帶有各種暴虐行爲，例如少數人之被殘殺，婦女之被強姦，住宅之被焚毀，現在都沒有了。由遊牧民看來，他們不必再爲「業務」（Geschäft），浪費許多經費和勞力。他們可把節省的時間和勞力使用於「營業的擴張」（Erweiterung des Betriebes），換言之，再征服別個農民。

此種貢賦方法是歷史上所常見的，匈奴人、馬迦人（Magyaren）、韃靼人、土耳其人，他們最大的收入是從歐洲人貢賦中得來的。有時臣民向其主人所獻納的貢賦。性質不大明顯，有似於保護金（Schutzgeld）或補助金（Subvention）之類，拜贊玆（Byzanz）的昏君曾派阿底拉（Attila）爲領主（Lehnsfürst），其獻納的貢賦竟然誤認爲救濟金（Hilfsgeld）*，這是世人所共知的。

第四階段又甚重要。何以故呢？這個階段對於國家給予以確定的因素，而使國家形式上更見

*譯者案，貢賦的獻納爲臣下之義務，救濟金的奉獻則出於憐愍之心。

完成，卽在同一領土之上，結合兩個種族成爲一體＊（除去領土概念，法理上對於國家乃不易下以定義）。自此而後，兩羣之關係遂由國際關係變成國內關係。

這種領土上的結合也可由外部原因而發生。一個更有力的羣(Horde)可以刺激遊牧民移動，例如高原種族的人口太過增加，以致牧場生產的食品不能養活他們，或者獸疫流行，遊牧民不能不放棄其狹隘的山谷，而遷居於廣濶的草原。但照通常的情形說，單是內部原因，也可以刺激遊牧民移住於農民附近。遊牧民須防禦別個的熊，這個防禦義務可以強制遊牧民派遣一支軍隊，駐屯於蜂巢附近之地，既可以預防蜜蜂作亂，又可以預防別個的熊成爲養蜂的人，來奪取蜂巢的蜜。這是一種最好的統治，實際上並不稀罕，若使傳說不錯，魯力克（Rurik）王子就是這樣來到俄羅斯的。

地理上的接壤還不能算是國家，質言之，還不能算是統一的組織。

＊原著者謂福爾伯人（Fulbe）甚似停止於第三階段與第四階段之間，其統治形態半是國際的，半是國內的。「征服民族常派遣軍隊駐防各地，以鎮壓被征服民族的反抗。福爾伯人這樣的流入柏魯（Benue），漸次侵略其地。記述家不能辨別其確定的國界，職此之故。福爾伯人有許多領地，散在各處，或爲生活中心點，或爲權力中心點。例如許多福爾伯人散居於中部柏魯，而木利（Muri）就是他們的首都。在亞達馬奴亞（Adamaua）區域之內，約拉斯（Yolas）的地位也是一樣。他們彼此之間或對於別個獨立的種族，還沒有確定的邊境，成立正式的王國。其首都也不設置於一定的場所」（Ratzel, I. c. II. p. 492）。

被征服民若已喪失其戰鬪能力，遊牧民必分散居住於農奴及奴隸之間，逍遙各地，繼續其遊牧生活。非洲中部的瓦胡馬人（Wahuma）（註三二），Kandt 稱之爲世界上最美麗的人，情況如斯。「哈達那拉（Hadanara）的都亞勒格種族（Tuareg-Clan）卜居於音剌德人（Imrad）之間，過其遊動的刼掠生活，而乃隸屬於亞斯噶爾種族（Asgar），情況亦如斯。音剌德人比之亞斯噶爾人，能夠徵發十倍以上的戰士，而乃不能不屈身於低賤的工作，其境遇有似斯巴達的奴隸。（譯者案斯巴達的奴隸，人數比自由民約多十倍）。亞斯噶爾人可從音剌德那裏，得到生活資料」。（註三三）此外，住在波爾庫（Borku）近隣的忒達人（Teda）也是一樣。「土地分爲放牧的半沙漠及種植果樹的田園，恰恰與此相似，人口也分爲遊牧民及定住民。兩者人數相差不多，共計一萬至一萬二千，但後者乃受前者的統治」（註三四）。

與此相似的尚有迦拉人（Galla）馬賽人（Masai）及瓦胡馬人（Wahuma）的遊牧種族全體。「財產的差別甚大，而奴隸人數卻極少。此輩奴隸均由下層階級出身，而下層階級則謀生於各地，彼此離散，不能集合。遊牧生活是家族及國家的基礎，同時又是政治運動的本體（Prinzip）。這個廣大地區是在什奧亞（Schoa）及其南部，並跨散西巴爾（Sansibar）一帶之地，雖然社會組

註三二　Ratzel, I. c. II. p. 165.
註三三　Ratzel, I. c. II. p. 485.
註三四　Ratzel, I. c. II. p. 480,

織已經高度發達，但政治上尚未成立鞏固的權力」(註三五)。

土地若不宜於大規模的牧畜——例如西歐大部分的土地——或其間有不軌之徒欲乘機作亂，則統治階級須選擇險阻之地或戰略上樞要之處，建築營壘＊、城廓、市鎮，長期定住於其地。他們由這中樞，統治臣民，除徵收貢賦外，其他一概不管，聽被征服民管理自己的政事，信仰自己的宗教，審判自己的訴訟，並決定自己的經濟生活。被征服民過去的法令及地方的統治權，也維持原狀，不受干涉＊＊。

布爾（F. Buhl）的報告(註三六)若無錯誤，則以色列人在坎南（Kannan）的統治就是這樣。亞比細利亞（Abessinien）外觀上似以軍事權力，建立一個完全發達的國家，其實尚停留於第四階段。據拉則爾（Ratzel）報告，「古代及近代的東洋各國帝王，對於被征服的民族，未曾留意行政及司法，亞比細利亞人也是一樣，其主要的任務是徵收貢賦，現在還是如此」(註三七)。

第四階段的最好的例是西班牙征服以前的古代墨西哥。

註三五 Ratzel, I. c. II. p. 165.

＊譯者案，以吾國古代爲例，黃帝既戰勝炎帝之後蚩尤，「邑於涿鹿之阿（阿涿鹿山名），遷徙往來無常處，以師兵爲營衞。置左右大監，監於萬國」（史記卷一黃帝紀）。

註三六 Buhl. Soziale Verhältnisse der Israeliten, p. 23.

＊＊譯者案，周成王封唐叔於夏墟之時尚命「啓以夏政」並未變更其舊制，可爲一證。

註三七 Ratzel, I. c. II. p. 455.

「墨西哥人所組織的聯邦有很進步的征服觀念。只唯反抗的種族才被聯邦殲滅；其不反抗的，皆先行刼掠，次使之獻納貢賦。戰敗的種族仍和從前一樣，以自己的官吏管理自己的事務。墨西哥與秘魯不同，其侵略的目的不在於建設統一的王國，而在於恐嚇及侵削。所謂墨西哥王國，在西班牙人征服的時代，僅指懾服的印第安種族之一羣。此輩印第安種族均戰戰兢兢，度其生活。他們畏懼堅固難攻的城堡之要出師襲擊，故不得不服從」（註三八）

這尚不能視爲眞正的國家，拉則爾又舉例說明如次。

「蒙忑都馬（Montezunas）的戰士固然占領許多領土，但是每個領土是隔開的，因爲尚有未占領的土地介在其間。這個情況頗有似於荷華人(Hova)之統治馬達加斯加（Madagaskar）。一個地域之上，散布着少隊軍隊，更切實的說，用盡力量，才得數哩之地，而又只以之爲少數軍事的殖民團體（militärischer Kolonien），這決不能算爲絕對的統治」（註三九）。

論理的必然性，由第四階段很快的進入第五階段，而使國家臻於快要完成之域。

隣近的鄉村（Dorf）或部落（Gau）之間發生爭端，統治階級必不讓它們自相戰鬬，因爲戰鬬可以減少農民的「服勞能力」（Prästationsfähigkeit）。統治階級常自爲審判官，在必要時，且強制執行其判決。有時在每位村長（Dorfkönig）或部落酋長（Gauhaupt）的宮廷，尚派一位代

註三八 Ratzel, I. c. I. p. 628.

註三九 Ratzel, I. c. I. p. 625.

表（Vertreter）*，令其行使職權，而村長及酋長則保留形式上的權力。最能表示這種原始關係的，莫如印喀（Inka）國家。

印喀種族集合住居於古玆谷（Cuzko）之地。該地有他們祖先傳來的田宅（註四〇）。但每個區域（Bezirk）均有印喀的代表。此輩代表稱爲都克利古（Tucricuc），駐居於土民酋長的宮廷，而「監督各區域內一切事務。他們召集軍隊，徵收貢賦，指揮築路修橋的強制勞動，審判人民的訴訟案件，總之，區域內一切事務均受代表的監督」（註四一）。

美洲的狩獵民、色目的遊牧民所創設的制度也存在於非洲遊牧民之間。亞散底（Ashanti）亦有都克利古的制度（註四二）。杜阿拉人（Dualla）爲要統治各村落的臣民，乃「折衷封建制及奴隸制，建立一個以征服爲基礎的制度」（註四三）。作者又告訴我們：巴羅熱人（Barotze）有一種制度，與中世封建組織的最初階段大略相似。「他們的村落……周圍皆有農奴住居，農奴在附近之地，代其主人耕田種稻或看管牲畜」（註四四）。我們覺得奇怪的，主人不另居於城壘或宮殿之

*譯者案，前已舉過黃帝置左右大監，監於萬國。大監若周召之分陝，大監之外，必有許多小監。

註四〇 Cieza de Leon, "Seg, parte de la cronica del Peru", S. 75. zit. nach Cunow. Inkarĕich. Stuttgart 1896 (p. 62 Amn. I.)

註四一 Cunow. I. c., p. 61.

註四二 Ratzel, I. c. II. p. 346.

註四三 Ratzel, I. c. II. p. 36-37.

註四四 Ratzel, I. c. II. p. 221.

內，而乃與其臣民雜居。

印喀族與拉刻得孟（Lakedämon）、麥塞尼亞（Messenien）、克勒忒（Krete）各地的多利亞人（Dorier）比較，後者不過稍有進步。非洲黑人所組織的烏干達（Uganda）、翁約羅（Unyoro）等封建國家以及歐亞二洲的封建國家比之福爾伯人（Fulbe）、杜阿拉人（Dualla）、巴羅熱人（Barotse），進步亦甚有限。在一切地方，凡事常依同樣的社會心理，向同一目標發展。統治其臣民，同時又使臣民保有完全的工作能力，此種必要又使第五階段發展到第六階段。在第六階段，國家臻於完成之域，國內生活充分發達，而民族性也鑄造成功。干涉、彈壓、刑罰，及強制的服從的必要逐漸增加，統治的慣例也次第完成。統治階級與被統治階級最初地理上是隔離的，其後乃於同一領土之上雜居起來。最初還是相與並存，後來才漸次同化。即化學所謂機械的混和（eine mechanische Mischung im Sinne der Chemie）一步一步的變爲化學的結合（eine Chemischen Verbindung）。他們互相滲透，互相混合，最後於習慣方面、風俗方面、言語方面、信仰方面，皆融和爲一個統一體。而血統之線索又結合上層與下層兩個階級。統治者常從被統治者的種族之中，選擇美女以作妃妾，於是就產生了一個雜血種，或編入於統治階級之中，或排斥於統治階級之外。但是雜血種既含有統治階級之血，由於統治慾望之作用，便成爲被統治階級中生來的領袖。原始國家在形式上及實質上都完成了。

第二章　原始的封建國家

第一節　統治的形式

原始封建國家的形式是統治，卽少數勇敢善戰之士以其團結之力，君臨於一定領土之上，而統治農耕的人民。法律是由習慣發達而成，統治則以法律爲根據。此種習慣法乃規定領主的特權及其各種要求，又規定臣民的服從及其勞動義務。但須以不破壞農民的服勞能力（Prästations-fähigkeit）——這個文字發生於孚特烈大王時代——爲準繩。養蜂人的權利已經受到習慣法的保障！農民的勞動義務是和主人的保護義務相對應，而主人的保護義務不但對外須防禦敵人，對內亦須制止同僚的勒索。這是國家生活的一部分。此外尚有更重要的一部分，那就是利用政治手段，令人民納稅服役。農民應交付其勞動生產物的一部，但不能得到等價的報償。其交付形式常爲地租，所謂「太初有地租」（Im Anfang war die Grundrente），就是指此而言。

地租的征收和消費有種種形式：有的是統治者結合爲親密的團體，於堅固的堡壘（Lager）之內，共同消費農民所納的貢賦，印喀國家就是其例。有的是每年武職貴人（Kriegsedeling）各分得一塊土地，但土地的生產物仍由他們同僚或戰友共同消費於宴會之中，如斯巴達是。或則領主散居全國，各與其陪臣居住於堅固的城廓之中，各消費自己領地的生產物。但是此種貴族並不是經濟上的主人（Wirt），他們雖然得到領民的貢賦，而卻不指揮領民，也不監督領民，這是中世日耳曼貴族統制土地的形式。其後，武士變爲莊園的主人，領民變爲大農場的勞工，主人所得的貢賦有似於企業的利潤。這是近代資本主義經濟初期的形式，斯拉夫殖民地的大農場卽屬於此。這個時期，各種過渡形態又將此種統治由一個階段引導入另一個階段。

國家的本質，於世界史上大率都是一樣，其目的常在於利用政治手段以滿足統治者的慾望。當世上尙沒有「職業勞動」（Gewerbsarbeit）供人使用之時，最初是強取地租*，其形式則爲統治。這是法律上或憲法上所承認的搾取，在必要時，尙得以苛酷方法維持之或執行之。但是征服者的絕對權（das absolute Eroberer-Recht）卻因此而須受法律的限制。臣民的勞動義務在其發揮「服勞能力」之時，亦局限於不害他們的生存權（das Recht auf Erhaltung），同時統治者的課

*譯者案，吾國在晉初，北朝地廣人稀，政府爲增加稅收，乃將土地分配給人民，令其耕種。但所分配的土地過大，非各人能力所能耕種，而致土地的收穫竟不能以償種。

賦權須出一個代價，對內對外，須保護臣民的安全，而表現爲法律保護及領土保護。

這樣，原始國家就成熟了，其一切本質的要素都已完全具備。國家已脫離萌芽的時期，此後繼續發生的，祇是成長過程的現象。

國家比之家族團體，當然屬於高級的類型。國家包容數量更多的人員，又把人員編制爲鞏固的組織，其征服自然，抵抗敵人的能力甚大。但他方國家又改變人類半遊戲的職業（die halb spielende Beschäftigung）而爲嚴格有紀律的勞動，此後無數世代的人類於死亡及勤勞二者之中，必須選擇其一。國家統治的冷酷時代便繼着自由血統團體的黃金時代而起。一般大衆不能不於血汗滿額之中，自飽饑腸。但是國家若能理解勞動之本來意義，又可以創造一種力量，恢復過去黃金時代，以提高人類的文化與幸福，用西勒（Schiller）的話來說，國家破壞了幼稚民族的幼稚幸福，使人類循苦痛之路，以達到開化時代的高尙幸福之域*。

這是一個更高級的類型，尼寧菲爾（Lilienfeld）以爲社會是一種高等有機體。他指出普通有機體與特殊有機體的區別。一切高等動物依雌雄兩性而生殖，下等動物依分裂（Teilung），依發萌（Knospung），有時又依結合（Kopulation）而生殖。國家發生以前，血統團體的生長與發達，恰和簡單的分裂相同。原始的血統團體生長太大，而致不能結合，它便分裂爲許多的羣

*譯者案，原著者對於國家的前途，是抱樂觀的態度，觀本書最後一章所述，就可知道。他不是社會主義者，更不是無政府主義者，而只是社會學者，故有此結論。

(Horde)，各羣只有極鬆懈的關係，而沒有密切的聯繫，羣由族外婚姻而又融合，就是其例。

國家是依兩性的生殖而發生，一切兩性生殖必依下述過程：雄性的、微小的、活潑的、能夠遊動的精蟲，探求一個雌性的、較大的、靜止的、不能遊動的卵子，進入其中，而與之融合。這個過程又引起一個偉大的發育過程：即一方分化，同時結合的過程。靜止的農民束縛於土地之上，便是卵子；遊動的遊牧民便是精蟲。其所產生的則爲一個更高級的有機體，器官完全分化，組織非常嚴密。若更進而用比喻的話，也很容易。邊境的戰爭猶如無數精蟲游泳於卵子之旁，其中最強悍最幸運的一匹發見卵子而征服之。卵子有引誘精蟲的魔力，猶如遊牧民從高原出發，湧到農民所居的平原。

有機體說能夠如斯明白證明麼？這不過暗示問題之所在而已。

第二節 結合

以上是由第二階段出發，而研究國家以經濟爲內容，以政治法律爲形式之客觀的生長（Objektive Wachstum）。但是更重要的，是觀察其主觀的生長（Subjektive Wachstum），即社會心理學的「分化與結合」（Differenzierung und Integrïerung）。因爲一切社會學大約都是社會心理學。

現在先說結合。

在第二階段，精神關係的網隨物質的融合過程之進展，漸次緊密，我們在上面已經指出了。兩種方言變爲一個言語，倘若語根不同，則兩種方言之中必須消滅其一。征服者的言語固有消滅之可能，而被征服者的言語更有消滅的危險＊。兩種崇拜（Kulte）融合爲一個宗教，征服者的種族神（Stammgott）常奉爲主神（Hauptgott），被征服者的舊神或降爲神之奴僕（Diener），或變爲魔鬼（Damon, Teufel），而爲主神之敵。雙方身體的構造，依氣候相同，生活方法相同，漸次類似。縱令差別頗大（註四五），亦可由混血兒於一定程度內，彌縫其罅隙。固然融合之中尙有少許歧異。然而比之國外的敵人，人種上有很大的差別，衆皆指之爲「異族」（Fremd）的，自不可同日而語。主人與奴隸對於國外的敵人，彼此均有「我們同胞」（ihresgleichen））之感，終則血統各異的記憶完全消滅。征服者視爲神的子孫＊＊。這個觀念是有根據的，因爲所謂神者

＊譯者案這個見解似不能適用於吾國，五胡尤其鮮卑、契丹、女眞、蒙古、滿淸均入主中原，而皆不能消滅漢語，反而爲漢人所同化，以漢語爲其國語。

註四五　在瓦胡馬人（Wahuma）中，婦女比在黑人中，有較高的地位，而爲男人所愼重保護。因此，遂阻害了互相通婚。兩個民族的上層階級雖有種種關係，倘令他們不是一爲農耕民，一爲遊牧民；一是統治者，一是被統治者；一是受輕蔑的，一是受尊敬的，則瓦干達（Waganda）的羣衆，到了今日，必不是皮膚黑色，頭髮捲曲的眞正黑人。在此種特殊情形之中，他們可代表一個典型的現象，我們很容易認知之（Ratzel, I. c. II, p. 177）。

＊＊譯者案，湯之代夏，謂其祖先契爲神祇之子，詩（商頌、玄鳥）云：「天命玄鳥，降而生商，宅殷

土芒芒，古帝命武湯，正域彼四方」。武王伐商，亦謂其祖先后稷爲神祇之子。詩（大雅，生民）云：「時維后稷……誕寘之隘巷，牛羊腓字之。誕寘之平林，會伐平林。誕寘之寒冰，鳥覆翼之。鳥乃去矣。后稷呱矣」。

非他，乃是他們祖宗的靈魂，依祭祀而昇化爲神罷了。近隣的國家比之從前近隣的血統團體更會侵略。當兩國衝突之時，國內一切和平生活的人民，必會感覺他們自己與國外敵人勢不兩立。此種感覺愈明晰，國內互相倚賴的感情亦愈強烈。於是博愛與公正的精神從前只存在於同羣之內，且只存在於貴族團體之內者，現在則根深蒂固，遍於全土了。但是這不過一根柔弱的線索，由在上之人用以籠絡下民而已，其實，博愛與公正亦只適用於一部分的人，即不但只適用於政治手段所允許的範圍內，且又只適用於那些有使用政治手段的權利的人。固然如此，而對內既有法律的保護，則較之對外須恃武力保護的，當然更可以造成一種精神上的線索，用以聯繫團體，使團體更見鞏固。正義是王國唯一確實的基礎，貴族團體有時爲保護法律，也曾處罰自己階級的人，以懲戒其殺人越貨。此種處罰比之戰勝外寇，更可以博得住民的感激和歡悅。

第三節　分化（羣的理論及羣的心理）

在別一方面，又發生一種精神的分化，而與一切有機體之生長相似。羣的利害產生羣的感情。上層與下層各依其特殊利害，發達其「羣的意識」。

統治羣的特殊利害是在於維持政治手段的使用，他們因此便趨向於保守的。被統治羣的利害與此不同，他們要廢除統治羣的特權，而代以國內一切人民都可以適用的平等權，他們因此便成爲自由主義者，其心理是革命的。

一切階級及一切政黨的心理，其根據皆在於此。而強有力的思想系統亦以這個心理法則爲基礎。此種思想系統也許在今後數千年間均表現爲「階層理論」（Klassentheorien），而指導並辯護各時代的社會糾紛。

叔本華（Schopenhauer）說：「意志發言之時，理性必須沈默」（Wo der Wille spricht, hat der Verstand zu schweigen），袞普羅維玆（Gumplowicz）亦說：「人類最初是依自然律而行動，其後才作人間的思想」。個人，嚴格言之，實與他的意志爲同一的物，環境對於意志下了什麼命令，個人只能遵從命令而行動。這個法則亦可適用於人類團體，例如羣、階級、國家等是。它們都是沿着抵抗最小的路線，由社會的和經濟的壓力最強之處，流到壓力最弱之處。但個人及每個團體均以爲自己經過的道路是自己自由選擇的。因此之故，他們乃以他們所不能擺脫的心理法則，換言之，他們乃以他們經過的大路，認爲他們自己自由選擇的手段；他們又以他們被迫而到着的地點，認爲他們自己自由選擇的目標。人類是理性的及道德的生物，換言之，是社會的生物，所以不能不用理性及道德，即所謂「社會意識」（Sozialbewusstsein），來辯護他們運動的手段及目標。

兩羣的關係若尚是兩個領土不同的敵人關係，則政治手段實無辯護的必要。因爲血統不同的人，彼此相互之間沒有權利。但心理上的結合若已造成國家意識的共同感情，而被統治人民又已得到一定權利，則由於平等觀念，當其行使政治手段之時，實有辯護的必要。這樣，統治階級之中就發生了「合法主義」（Legitimismus）的理論*。

所謂合法主義就是用人類學及神學的理論，來辯護統治與侵削之合理。統治階級以勇敢善戰爲男子唯一的道德，所以主張他們自己是能力優秀的人種——由他們的立場看來，這個主張是正當的。被征服種族倘若工作愈苦，生活愈難，地位愈低，則此種主張愈有力量。又者，統治階級的種族神經過融合過程，昇爲國教的最高神（Obergott）之後，他們又宣布國家的制度是神設置的，是神聖不可侵犯的，此即所謂塔布（Tabu）之一——由他們的立場看來，這個主張也是正當的。但是他方他們又以被征服者是頑固的、搗亂的、懶惰的、怯懦的、沒有自治的能力，也沒有自衞的能力，簡直是一個劣種*。凡反抗統治的，由統治者看來，便是瀆神，便是反抗神的訓

*譯者案，吾國在周代，一般庶民對其領主，既耕公田，又「入執宮功」，還須貢獻裳、裘、豜、酒等物（參閱詩經、國風、七月）。一遇對外戰爭，雖然「肅肅宵征，夙夜在公」，亦只有自歎「寔命不同」（詩經、國風、小星）。南北朝時代，社會階層可大別爲士族、寒素、奴客三種。「盛族豪右，負勢陵縱，小民窮蹙，自立無所」（宋書卷四十二劉穆之傳），而受壓迫的人不但不敢反抗，且以爲「士庶之際，實自天隔」，而致造成「士庶緬絕，不相參知」（宋書卷四十二王弘傳）的現象。其例之多，不勝枚舉。

*譯者案，當英國稱霸海上，殖民地遍布於全世界之時，英國人對於殖民地土民皆視之爲劣種，而自居

爲優秀民族。卽依達爾文（C. Darwin）「優勝劣敗」、「物競天擇」之說，以爲凡能征服別人的民族都是良種，而爲別人所征服的民族都是劣種。良種征服劣種，乃是天演的公理，所以白色人種統治有色人種，也是順乎天意。

令。因此之故，統治階級又與僧徒有密切的關係，當僧徒尚有崇高的地位之時，常由統治階級的子弟任之，僧徒可以分享統治階級的政治權利及經濟特權。

統治者的階級理論是如斯，現在還是一樣。除此之外，沒有其他特徵，也未曾增加一點其他特徵。例如法蘭西及普魯士的土地貴族常主張他們老早就有土地，農奴不過由他們那裏得到借用地（Lehen）。他們常拿出這個主張，來反對農民的要求。這個辯解是瓦胡馬人（Wahuma）所常用的（註四六），也是別個民族所常用的。

他們的階層心理是和階層理論一樣，到處相同，現在尚未改變。其最重要的特徵是「貴族的誇耀」（Junkerstolz）與對於下層勞工的輕蔑*。這種心理深入他們血管之中。遊牧民縱令喪失

註四六 Ratzel, l. c. II, p. 178.

*譯者案，此種情形，吾國南北朝時有許多實例。在南朝，士族可以「平流進取，坐至公卿」（南齊書卷二十三褚淵王儉傳論），尤以王謝二家爲然。齊時，王志告其弟寂曰：「汝膏粱年少，何患不達」，「於時王家門中，優者則龍鳳，劣者猶虎豹」（南齊書卷三十三王僧虔傳）。「侯景請婚於王謝，上（梁武帝）曰王謝門高非偶，可於朱張以下求之」（南史卷八十侯景傳）。「荀伯子常自矜蔭籍之美，謂王弘曰，天下

膏梁惟使君與下官耳，宣明之徒不足數也」（宋書卷六十荀伯子傳）。「陳顯達自以人微位重，每遷官，常有愧懼之色。有子數十人，誡之曰汝等勿以富貴陵人。麈尾扇是王謝家物，汝不須提此自隨」（南齊書卷三十六陳顯達傳）。「張敷遷正員中書郎……中書舍人狄當周赳並管要務，以敷同省名家，欲詣之，赳曰彼恐不相容接，不如勿往。當日吾等並已員外郎矣，何憂不得共坐。敷先設一牀，去壁三四尺，二客就席，敷呼左右曰，移我遠客，赳等失色而去，其自標遇如此」（宋書卷四十六張邵傳）。北朝亦然，「崔㥄（青河崔氏）每以籍地自衿，謂盧元明曰天下盛門惟我與爾，博崔趙李何事者哉」（北齊書卷二十三崔㥄傳）。「任城王澄嘉賞張普惠，臨薨，啓爲尚書右丞，靈太后覽啓，從之。後尚書諸郎以普惠地寒，不應便居管轄，相與爲約，並欲不放上省，紛紜多日，乃息」（魏書卷七十八張普惠傳）。

牲畜，經濟上陷於隸屬的地位，亦必保持他們從來的驕傲。「卡拉人（Galla）的牲畜雖爲塔納（Tana）北方的索馬爾人（Somal）所搶奪，淪爲別羣勇士的牧夫，有的且在沙巴基（Sabaki）之地做了農民，然而他們仍舊蔑視農耕的瓦波哥摩人（Wapokomo），因爲瓦波哥摩人本來是服從卡拉人的。反之，他們對於外貌有似於己，且曾納貢於己的狩獵民，如瓦波利（Waboni）、瓦蘭古羅（Walangulo，即 Ariangulo）等族則不然」（註四七）。下列關於提蒲人（Tibbu）的描寫可以適用於瓦爾忒（Walter）的貧人及其他貧窮的騎士（Ritter）。此等騎士曾參加十字軍，刼掠鹵獲品，且曾占領土地。亦可以適用於德國東部的馬賊貴族（adligen schnapphahn）以及零落的什拉哈吉希人（Schlachzizen）或希達爾哥人（Hidalgo）。「他們是自尊的人，他們也許行乞，

註四七 Ratzel, I. c. II. p. 198.

而卻不是賤民（Paria）。在他們環境之下，要是別人，必將感覺窘迫，而提蒲人（Tibbu）卻生性倔強，他們的性情宜於做強盜，做戰士，做統治者。他們無異豺狼之羣，其組織之嚴密，可以令人欽佩。提蒲人雖淪爲乞丐，與貧窮饑餓鬪爭，卻常提高傲慢的要求，以擁護他們自己的權利。豺狼所謂權利是以異族的財產爲共有財產，使貪得無厭之人得免困乏之苦。生活無一刻安定，遂令生活成爲鬪爭的，往往鋌而走險，不顧一切（註四八）。這個現象不限於非洲東部，亞比細利亞的戰士也是一樣。「他們武裝出發，傲然蔑視別人，土地是他們的，農民應該爲他們耕作」（註四九）。

貴族（Junker）既然輕視經濟手段，又輕視使用經濟手段的農民*，所以他們便坦白的依靠政治手段。誠實的戰爭（ehrlicher Krieg）和「誠實的強盜」（ehrlicher Raub）是他們統治者的職業，也是他們統治者的權利。他們的權利——除對同等身分的人之外——是力之所及，無所不屆。多利亞人（Dorier）的歌謠讚頌政治手段，說得最好。

我有偉大寶，長槍與寶劍，

註四八 Ratzel, I. c., p. 476.

註四九 Ratzel, I. c., p. 453.

*譯者案，周時，貴族亦輕視農民。故左傳（左襄十三年）有「小人農力以事其上」之句。

何以護吾人，牛革蒙首戰。
以此鋤我田，以此刈黍稷，
以此割葡萄，釀酒甘如蜜。
以此嚇我奴，呼「主」深慴息

此輩何敢持，長槍與寶劍，
不敢護其身，不敢執盾戰。
蠖屈我足前，五體伏地行，
有如我家獒，吻手寂無身。
我是波斯王，震慴於吾名(註五〇)。＊＊

註五〇 Kopp, Griechische Staatsaltertümcr, 2 Aufl. Berlin 1893. p. 23.

＊＊詩爲陶希聖先生所譯，原文如次：下文之詩亦係陶譯。

Ich habe grosse Schätze; den Speer, dazu das Schwert;
Dazu dcn Schirm des Leibes, den Stierschild altbewährt.
Mit ihnen kann ich pflügen, die Ernte fahren ein,
Mit ihnen kann ich keltern den süssen Traubenwein,
Durch sie trag ich den Namen “Herr” bei den Knechten mein.

Die aber nimmer wagen, zu führen Speer und Schwert,
Auch nicht den Schirm des Leibes, den Stierschild altbewährt,
Die liegen mir zu Füssen am Boden hingestreckt,
Von ihnen, wie von Hunden, wird mir die Hand geleckt;
Ich bin ihr Perserkönig-der stolze Name schreckt.

這個傲慢的詩歌充分表示好戰王公的誇耀。莊巴爾(Sombart)所引用的下列詩歌，是採自一個文化完全不同的領域。然詞句之中亦充分表示：雖然有基督教，雖然有神的和平，雖然有條頓民族的神聖羅馬帝國，而武士依然有強盜的性質。這個詩歌是主張政治手段可用最粗獷的形式，卽純粹的強盜行爲以行使之。

年少貴冑子，
而欲富爾身，
來從吾所教，
乘馬入吾營。
農夫施施來，
藏爾在綠林。
迅擊如鷹隼
從領挈其身，

奪來儘所有，
喜氣溢爾心，
鞭策其駟馬，
遠逝如雲蒸(註五一)*。

註五一 Uhland, Alte hoch-und niederdeutsche Volkslieder, I. (1844), p. 339. zit. nach Sombart, Der moderne Kapitalismus, Leipzig 1902. I. p. 384-385.

*詩用陶譯，原文如次。

Wiltu dich erneren
du junger edelman,
folg du miner lere
sitz uf, drab zum ban!
halt dich zu dem grünen wald;
Wan der bur ins holz fert
so renn in freislich an!
derwüsch in bi dem kragen
erfreuw das herze din
nimm im was er habe
span uss die pferdelin sin!

只用地租，若不夠開銷他們繼續增加的日常消費及揮霍，則強盜愈成爲貴人的職業，而刼掠亦視爲尊貴的業務*。凡用矛端劍鋒以刼掠貨物的，皆與武士道（Rittertum）的精神符合。補鞋匠習於補鞋，貴族習於刼掠。歌謠對此，描寫如次：

刼掠、盜賊非羞恥
世上偉人皆如此。

原文爲：

Ruten, roven det en is gheyn schande
dat doynt di besten van dem lande

貴族心理除這個重要的特徵之外，還有第二個特徵，那便是向人民宣傳敬神，使人民對神虔誠。凡社會條件相同，統治階級必強制人民接受同一觀念。由統治階級觀之，神常表現爲他們特有的種族神（Sonderstammesgott），且尊崇爲他們的軍神（Kriegsgott）。雖然世人都謂上帝是萬人之主，亦卽敵人之主，唯在基督敎流行之後，上帝雖是博愛之神，而亦不能防止各階層由其

*吾國自東漢以後，豪族常強買膏腴美田，終至官僚子弟均不以刼掠爲恥。例如戴淵祖烈吳左將軍，父昌會稽太守，淵佐元帝，謀建立君主集權的制度。少時遇陸機赴洛，船裝甚盛，遂與其徒掠之（晉書卷六十九戴若思傳）。豈但官僚子弟如此，卽皇族亦公然刼掠。例如宋「元徽中，張興世在家，擁雍州還資見錢三千萬。蒼梧王自領人刼之，一夜垂盡」（南齊書卷五十一張欣泰傳）。

利害而發生的偏頗的社會意識。我們要完全描寫統治階級的心理，尙須再擧奢靡的性癖。奢靡比之好施（Freigebigkeit），他們乃認爲更高尙的行爲。他們不知稼穡艱難，當然有此觀念。我們不要忘記他們常以「視死如歸」爲男兒最高的美德。他們人數不多，有時不免受到威脅，必須利用武力，以保護自己的權利，故乃發生此種思想。他們免除一切勞作，常於狩獵、競技及血鬪中，鍛鍊身體，因之不怕死的勇氣更隨之增強。他們愛好戰爭，有近滑稽，矜誇威名，幾至於狂。

說到此處，還要增加幾句話。凱撒（Cäsar）發見迦尼亞（Gallien）的刻爾特人（Kelten），正是土地貴族取得統治權之時。凱撒的記述常爲學者所引用。但是他們均犯了一種錯誤，以貴族的階級心理爲刻爾特人的種族心理。像孟森（Mommsen）那樣博學之士也不能免。我們一覽之下，就可知道一切種族的一切人民（在歐洲，例如Thessalar-Apulicr. Campaner，日耳曼人，波蘭人等），在同一發展的階段，必有同一的特徵。刻爾特人尤其法蘭西人發達的階級與上述諸種族不同，所以他的特徵也有差別。然而世界史及社會學之著作乃未曾注意及此，這是多麼誤謬。某一階層的心理絕不是種族心理。

在另一方面，只要神聖不可侵犯的宗教觀念已經衰弱或漸衰弱，則自然法（Naturrecht）的思想必明顯的或曚曨的成爲被統治者的理論。下層階級若認種族矜誇（Rassenstolz）及貴族矜誇（Adelsstolz）是一種僭越，則他們必主張自己的種族及血統亦和貴族階級一樣的尊貴。這個思想是正當的。依他們的見解，勤勉（Arbeitsamkeit）及秩序（Ordnung）乃是唯一的美德。他們對於那個勾結敵人的宗教，也開始懷疑。他們確信統治者的特權侵犯了法律，又侵犯了理性，卽他們的思想是與貴族確信其特權是合法而又合理的，剛剛相反。此後不論如何發展，凡最初各階層所特有的心理，均不會發生本質的變化。

自是而後，兩個羣便受此種思想的影響，各爲自己的利害而作鬥爭。倘若沒有共同利害的向心力，換言之，沒有國家觀念的向心力，從中作用，則新興的國家將受利害衝突的離心力的影響，而至分裂。外來異族的壓力卽共同敵人的壓力，常能克服國內衝突的摩擦。我們試看羅馬史上「平民脫離」(secessio plebiS) 及麥蓮紐、亞格利巴 (Menenius Agrippa) 布教的成功吧！國家的環境沒有變化，國家的發展也必不會變化。這個時候，對內對外如果沒有一個新力量，則國家將和行星一樣，畫了一個力的平行四方形 (dar Parallelogramm der Kräfte)＊，永遠循着那預定的軌道，運行不已。

＊譯者案：所謂「力的平行四方形」，可用圖說明如次：

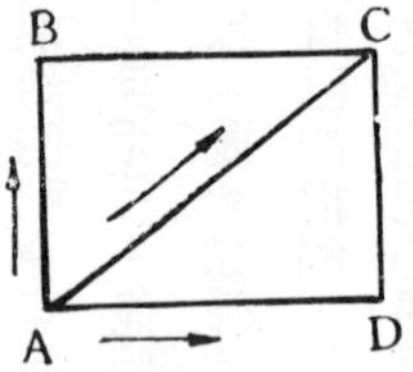

AB 爲風力，AD 爲水力，則船當向 AC 方向進行。同樣，AB 爲階層利害的離心力，AD 爲國家意識的向心力，則國家當向 AC 方向發展。

第四節 高級的原始封建國家

國家生長可以引起重要的變化。新生的國家常會生長，這是不容疑的事。一個力量能使國家發生，亦必能使國家擴大其領土，又必能使國家掌握更大的權力。這樣，新生的國家便和近代國家一樣，達到「飽和」（satt）之域。但國家仍須繼續膨脹，直至滅亡爲止。在原始社會，歌德(Goethe)所說：「你不興則亡，不勝則敗，不爲鎚，則爲砧」（Du musst steigen oder fallen, siegen oder unterliegen, Hammer oder Amboss sein)，這話可以適用於國家。

國家的產生若依某一種原則，國家的維持也應依這一種原則。原始國家是好戰的人民所建立，所以唯藉人民的好戰，才會維持。

統治者的慾望常無限制，不問國內生產物如何豐富，總不能滿足他們的慾望，所以政治手段又轉向於那批尙未征服的農民及尙未搶掠的海岸進攻。原始國家日益長大，最後便於邊境之上，與同樣生長的別一個原始國家發生衝突。到了這個時候，才有眞正的戰爭以代替從前強盜式的刼掠。自是而後，才是兩羣人衆同樣有組識、同樣有紀律，而發生了衝突。

鬬爭的目標還是同過去一樣，對於勞動大衆以經濟手段所生產的貨財，用戰利品、貢賦、租稅、地租等各種形式，征收之。但是鬬爭已經不是發生於侵削羣與被侵削羣之間，而是兩個統治羣爲奪取全部戰利品而後發生的。

衝突的結果大略相同。兩個原始國家融合爲一個較大的國家，如斯長成的國家又由同一原因，越出自己的國界，併吞較小的隣國，有時它自己又爲更大的隣國所併吞。

被統治者對於戰爭的結果，多不介意。他們要納稅，至於對誰納稅，是無關痛癢的。但是他們對於戰爭的進行並不是完全漠不關心。因爲戰爭可增加他們徭賦，不但畏懼敵人之殘殺虜掠，且由「國家意識」的作用，對於過去統治者，不惜盡量供給兵糧。統治者一旦敗北，他們必受敵人的蹂躪，其苦痛是無法忍受的。他們不願服從異邦的統治者，是爲了妻子，爲了家畜，爲了住所，不得不與自己的統治者共同作戰，背城借一。

反之，統治者能否存在，則完全懸於戰爭的勝敗。最極端的，他們會全部殲滅，法國的平民貴族（Volksadel）之由日耳曼種族出身者，就是其例。其次，情形雖沒有這樣悲慘，最少亦將淪爲奴隸。倘若宣告和平，他們尚可以保全低級統治者的地位，例如諾曼人征服英國之後的薩克森貴族，又如德國占領斯拉夫領土之後的蘇邦人（Suppane）是。萬一雙方勢力不相上下，則兩羣統治者可以融合爲一，並由通婚關係，合併爲貴族階級，享受平等的權利。斯拉夫的溫登王族（Wendendynasten）以及羅馬的亞爾巴尼亞和都斯基種族（Albanische und Tuskische Geschlechter）就是其例。

此種國家，我們可以稱之爲「高級的原始封建國家」。在此種國家之內，統治者常常分化爲權利較多或較少的各種階層。階層之分化由於下述事實，更見複雜。卽統治者於經濟上及社會上常分爲許多小羣——在遊牧階段，已經有此分化——一方是牲畜多、奴隸多的所有主，他方是貧無一物的自由民。狩獵民在新世界所建設的國家，其階層差別不甚顯明，學者因此遂謂階級發生的原因在於人類之有牲畜。狩獵民沒有牲畜，所以沒有階級。說到這裏，我們尚須更進一步，詳細研究：舊世界內兩羣統治者的位階及其財產的差別對於國家的政治、經濟的發達，可以發生如何影響。

同一的分化過程，在高級的原始封建國家，被統治者亦常依其勞動義務之多少及輕蔑程度之大小，分爲若干階層。我們只看多利亞國家、拉刻達孟（Lakedamon）、克勒忒（Krete）、忒沙尼亞（Thessalier）各地農民之社會地位及法律地位有很大的差別，就可知道。在此地方，培利奧刻（Perioke）有完全的所有權及少許的政治權，而赫羅特（Helote）及本勒斯忒（Peneste）則係毫無權利、毫無財產的人。在古代沙克森（Sachsen）之地，自由與隸屬之間，尚有一個中間階級，叫做利蒂（Liti）（註五二）。此例之多，歷史上不勝枚舉。考其原因，實與我們對於貴族所說明的，完全相同。兩個原始國家融合之時，其社會層可依種種方法，相與疊積，猶如兩付紙牌混在一處，可以發生種種花樣。

政治力量所引起的機械的混合（mechanische Durchmischung）又可以發生身分（Kaste）。

註五二 Inama-Sternegg, Deutsche Wirtsch.-Gesch. I, Leipzig 1879, p. 59.

身分可以造成世襲的職業*，而世襲的職業又可造成各階層的位階制度（Hierarchie）。「身分未必就是征服與壓迫的結果，它是隨時可以發生的」（註五三）。固然這個問題不易解決，但我們若參考歷史，亦可知道身分受到經濟及宗教的影響甚大。關於身分之發生，我們可以想像如次。各種勢力產生國家，又直接作用於經濟的職業之上，職業一方須適應國家秩序，他方又受宗教觀念——宗教觀念也許可以產生身分**——的影響，遂至硬化起來，終成固定的形式。男女之間亦有職業上的差別，其差別又

*譯者案，吾國古代，職業常守之以世。周禮述大司徒之職十有二教，其十曰「以世事教能，則民不失職」。鄭玄注，「世事謂士農工商之事，少而習焉，其心安焉，因教以能，不易其業」。賈公彥疏，「父祖所爲之業，子孫述而行之，不失本職，故云以世事教能，則民不失職也」（周禮注疏卷十大司徒）。若再用法律，「在禮，民不遷，農不移，工賈不變」，則如杜預所注，「守常業」（左昭二十六年），而成爲確定的制度，則「士之子常爲士，農之子常爲農，工之子常爲工，商之子常爲商」（管子第二十篇小匡），於是身分差別就發生了。

註五三 Westermarck. History of human marriage, London. 1891, p. 368.

**譯者案，孔子說：「殷人尊神，率民以事神」（禮記注疏卷五十四表記）。其官制，史祝士卜因與神權有關，就成爲國家第一級的職官。而巫的地位亦高，帝太戊之時，巫咸輔王室，殷復興。帝祖乙立，巫賢任職。巫賢爲巫咸之子。尙書（卷八）咸有一德，「伊涉贊於巫咸」，注引馬融曰，「巫男巫也，名咸，殷之巫也」。男巫而爲天子之輔佐，且又父子相繼任職，可知巫之職業不但高貴，且又世守其業。這是可以證明宗教觀念可以產生身分。

成爲一種塔布（Tabu，禁忌之意），不得逾越。這個事實可以暗示上文所言之眞確。舉例言之，在一切狩獵民之中，農耕都是婦女的工作，但非洲的遊牧種族一旦知道用牛耕田，農耕便成爲男人的工作，婦女不得使用家畜，違者視爲瀆神＊＊＊。大約宗教觀念可使職業成爲世襲，嗣後更使職業成爲強制的世襲。而在一個種族或一個村落均從事於同一職業之時，尤見其然。各地原始人民（Naturvölker）之間尤其島民（Inselvöller）之間，倘或交換便利，則種族或村落的共同職業常常有之。此種世襲職業的種族若爲別個種族所征服，則在新興國家之內，職業羣就可以成爲一個純粹的身分。他們能夠維持其社會的地位，半由於他們過去受到自己種族的尊敬，半由於他們職業亦爲新興主人所重視。倘或征服的波濤不斷來襲——這是常有的事——則身分非常複雜，若更加以經濟發達造成許多職業身分（Berufsstände），則身分將愈爲複雜。

　　這個過程從鐵匠中，很容易看到。在世上各地，鐵匠常居於特殊的地位，半受人脅迫，半爲人輕視。尤其在非洲，太古以來，就有專門冶鐵的人羣，隨從遊牧種族，而爲其徒附。希克索人（Hyksos）固曾領率冶鐵種族侵入尼羅河岸，其能得到勝利，也許有恃於冶鐵種族所製造的兵器。直至最近，丁迦族（Dinka）還把專門冶鐵的德朱爾族（Djur）置於隸屬的地位，沙哈拉（Sahara）沙漠的遊牧民也有此種情況。北歐流傳的故事，多敍述該地人民嫉惡「侏儒人種」（Zwergen），

＊＊＊原著作人謂，同樣亞洲北部的狩獵民不許婦女摸弄獵具，又禁止婦女跨過獸蹄經過之足跡（Ratzel, I. p. 650）.

而又畏懼他們的符咒魔力。一個發達的國家常有一切因素，使身分發生分化(註五四)。

宗教觀念對於身分的發生有什麼影響？我們可引波利尼西亞人（Polynesien）來說明。該地「雖有許多土民能夠造船，但只許一個特權階級執行這種業務，因爲造船與國家政事及社會事務有密切的關係。不但古代波利尼西亞如此，縱在非德西（Fidschi）之地，到了今日，造船的木匠仍有特殊身分，被人尊稱爲「皇家大匠」（der Konigs Handwerker），並由他們酋長那裏，授與特權……一切工作均遵照古代傳統爲之。龍骨的安置、船體的完工、船舶的下水，一切均依宗教儀式，舉行祭祀而爲之」(註五五)。

在迷信流行的地方，身分制度半由經濟的原因，半由人種的原因，很容易發生。例如波利尼西亞的階級，依塔布（Tabu）的作用，很像嚴格的身分制度(註五六)。阿拉伯南部亦然(註五七)。古代埃及及現代印度，宗教對於身分的發生與維持，有如何作用，衆所共知，無須多贅*。

註五四 Ratzel, I. c. I. p. 81.

註五五 Ratzel, I. c. I. p. 156.

註五六 Ratzel, I. c. I. p. 259-260.

註五七 Ratzel, I. c. II. p. 434.

*原著作人謂，據拉則爾說，印度身分制度的固定性，事實上並不嚴厲。行會制度（Zunft）往往打破身分的界限（Ratzel, II. p. 596.）。

這都是高級的原始封建國家的因素。此類因素比之原始國家，更爲複雜，而其種類亦更多。但是雙方的法律，憲章以及經濟的分工，根本上是相同的。經濟手段的生產物依舊是人羣鬪爭的目標，而人羣鬪爭又和從前一樣，仍然是國家對內政策的推動力；同時政治手段也和從前一樣，仍然是國家對外政策的推動力。階層理論又繼續替上層人及下層人雙方，辯護他們對內對外爭鬪的目標及手段。

但是發展永無停止之日，生長（Wachstum）不但是量的增加（Massen-Vergrosserunng），且尚有更重要的意義。所謂生長，其實是指結合及分化之漸次進步。

原始封建國家的領土愈大，屬民愈多，人口愈蕃庶，則經濟上的分工愈益發達，而令人衆發生新的慾望；滿足慾望的資料愈多，則經濟上（及社會上）階層差別，可依一種法則，愈益明顯。這個法則吾人試稱之爲「以現有財產爲核心的蓄積法則」（Gesetz der Agglomeration um vorhandene Vermögenskerne）。這個繼續不已的分化過程，可以決定原始封建國家的前途，尤其原始封建國家的結局（Ausgang）。

所謂結局不是指機械的結局，所以我們不想討論國家的死滅（Staatentod），即不想討論一個高級的原始封建國家與勢力平等或更見發達的別個國家發生衝突而至滅亡，例如印度的莫臥兒帝國（Mogulenstaat）及與大英帝國作戰的烏干達（Uganda）是。我們不想討論波斯及土耳其的停頓狀態——其實，它們兩國可由自己的力量或受別國壓迫的刺激，繼續發展，停頓不過暫時的現象而已。我也不想討論龐大的中華帝國的固定性*——異邦民族若藉武力，叩其神秘之門，這種固定狀態是無法繼續下去的。

所謂國家的結局是指原始封建國家繼續向前發展。這個解釋頗有意義，使我們能夠了解世界史只是一個發展過程。我們的觀點若只放在發展的主要路程之上，則所謂結局當表現為兩種根本不同的現象。「結局」分歧為二，是由兩種經濟財的對立。此兩種經濟財則以現有財產為基礎而增殖起來，一個是動產，另一個是不動產；一個是商業資本，另一個是土地財產。兩者各集積於少數人的手上，由此就改變階層的構造，又改變整個國家。擔任前者之發達的，是海國（der Seestaat），擔任後者之發達的，是陸國（der Landstaat）。前者發達的結局為資本主義的奴隸經濟，後者發達的結局，最初便是進步的封建國家。

資本主義的奴隸經濟是古代地中海沿岸國家的結局，其結局不是國家的死滅，而是民族萎縮而引起民族死滅。這在國家發達史之上，不過是軀幹之一旁枝，不會由此再生長別的枝椏。反之，進步的封建國家在國家發達史之上，是軀幹直接生出的主要枝椏，而為國家此後發展

*原著作人謂中國有許多情形比之西歐民族，尤接近於「自由市民團體」。中國比之歐洲，其推翻封建制度，更為澈底，大土地財產，固然發生甚早，但其流弊並不甚大。因是，資本主義無從發生。反之，共同生產及共同分配的問題卻常被學者討論。中國封建制度的發展途徑與歐洲不同，對此本宜詳細討論，因為篇幅有限，只能從略。

的根源。這個主要枝椏更前進，便發生了身分國家（Standestaat），專制主義及近代的立憲國家。倘令我們觀察不誤，倘得推測其能發達爲「自由市民社會」——大同社會。

軀幹若只向一個方向生長，卽只發達爲原始封建國家，則我們對此可作統一的說明。倘若軀幹生出許多枝椏，則我們的敍述不能不研究每個枝椏而至於最後的一葉。

現在先述海國，這不是因爲海國是最古形式的國家。我們回溯遠古歷史，最初成立的國家都是陸國。陸國又以自己之力，發展爲進步的封建國家。我們歐洲人最感興趣的國家，多不能越過這個階段以上，非停頓於其間，就爲海國所征服，受到大規模的奴隸經濟的害毒，終至與海國同歸於盡。進步的封建國家能夠向更高階段發展，乃在海國滅亡之後。陸國常建設於海國的廢墟之上，海國之統治形式及統治思想，對於陸國的完成，常給與以強有力的影響，而又促進其發達。

因此，我們須先敍述海國的運命。因爲海國的運命乃是國家生活較高形式的前提。我們先述枝葉，次述軀幹，研究原始封建國家如何發展爲近代立憲國家，最後更預測將來，描寫自由市民社會，卽所謂大同社會。

第三章 海國

海上遊牧民（Seenomaden）所建設的國家，其前途如何，據我研究所得，乃決定於商業資本（Handelskapital），猶如陸國的前途決定於土地資本（Bodenkapital），近代立憲國家決定於企業資本（Unternehmerkapital）。

但是海上遊牧民並未曾創造貿易（Handel）、商人知識（Kaufmannschaft）、市集（Messe）、市場（Märkte）、都市（Stadte），凡此一切早已存在，遊牧民不過因其可以供爲自己目的之用，故覓索之。此數者均有利於經濟手段，又有利於等價交換，故爲海上遊牧民所採用。

我們於此，才初次看到經濟手段不爲政治手段侵削的客體，而爲一種協助擢生國家的主體。當此之時，經濟手段可以說是封建國家製造「起重機」（Aufzug）的鎖鏈。由這鎖鏈，又造成此後更精密的機器。我們不是知道海國發生以前已有市場交易，必無法充分說明海國的起源。豈但如此，我們不能知道經濟手段在交換貿易中獨力創造的種種機構，亦必不能預測近代國家的前途。

第一節　國家發生以前的商業

用心理學以說明交換，產生了邊際效用（Grenznutzentheorie）之說，這對於我們的研究有很大貢獻。依此學說，同一經濟主體若有同一種類的貨財，貨財數量愈多，則他主觀上對這貨財的估價必愈低。兩個經濟主體各有種類不同而分量相同的貨財，則他們相遇之時，必欣然交換。當然這個時候尚有一個條件，卽禁止使用政治手段，而且他們雙方必是同樣強悍，同樣武裝起來。不然，他們雙方亦須生活於太古和平的血統團體之內。他們由這交換，雙方均可以放棄主觀上價值較低的貨財，而取得主觀上價值較大的貨財。此對於雙方，當然都有利益。

原始人的交換慾望必比現代人爲強。何以故呢？他們猶如小孩，凡自己所有的不甚愛惜，別人所有的又非常愛好，因此，他們評定價值，未曾參以從中牟利的意思。

我們不要忘記世上還有許多原始人不識交換爲何事。「庫克（Cook）告訴我們，波利尼西亞（Polynesien）之地，尚有不知貿易道理的民族。贈品對於他們，沒有任何印象，雖然得到，旋卽拋棄。無論衒示以什麼東西，他們皆漠不關心。他們決沒有取得別人物品之意，亦決不肯放棄他們自己的物品。總之，他們還沒有商業及交換的觀念」(註五八)。又據威斯忒馬克（Westermarck），「交換與商業乃是比較晚近的事」。他反對柏雪爾（Peschel）之言，人類在太古時代，已有交換行爲。說道：「培利哥爾德（Perigord）的穴居人（Höhlenbewohner）依交換方式，取得水晶，大西洋沿岸的貝殼，及波蘭地方的羚羊角」，是沒有證據的話(註五九)。

這是例外之事，我們無法解釋（也許因爲土人怕受到魔術之作祟）。民族學固已證明愛好交換及通商乃人類的共同性質。不消說，這個衝動必於原始人遇到外國人，看見新奇物品，才會發生。何以說呢？在他們血族團體之內，各人所有的都是同一種類的貨物，在原始的共同財產制度之下，各人所有的又是同一數量的貨物。

但是異邦人民相遇之時，能夠發生物物交換——這是一切規則性的商業之開端——又限於和平的邂逅之時。異邦人民實際上果有此種邂逅麼？原始人的生活不是以爲「異邦人都是豺狼」(homo homini lupus) 麼？

其實，商業稍見發達，必受政治手段的影響。古人每謂「商業常追隨於強盜之後」（der Handel folgt im allgemeimen dem Raube）(註六〇)，而其開端卻有賴於經濟手段。商業不是戰爭的

註五八 I. Kulischer. I. c., p. 317. 有其他許多實例。
註五九 Westermarck, History of hum. marr., p. 400. 本書載有人類學上許多實例。
註六〇 Westermarck, I. c., p. 546.

結果，乃是和平交易的結果。

原始狩獵民彼此之間的關係，不可和狩獵民與農民，遊牧民與農民，或遊牧民彼此之間的關係同視。他們血鬪乃出於報仇之意，必不是由於貪慾，換言之，必不是由於刼掠別人的勞動生產物。因此，狩獵民的血鬪不是眞正的戰爭，乃有似於今日德國學生的決鬪，遵照一定禮儀，延長到「見血」而無力作戰時爲止（註六一）。他們人口不多，血鬪必須限制流血，勿使犧牲太甚，且務求其不會再引起第二次血鬪。

這個種族可與原始淺耕農民相比，均未曾受到政治手段的刺激；其與同一經濟階段的隣族的和平關係，又比之遊牧民之間的和平關係，更爲強固。我們可以舉出許多例子來證明他們和平集合一地，共同覓取自然資源之事。「在文化的原始階段，大量的羣衆時時集合於物資豐富之地。美洲印第安人大部分常週期旅行到那生產烟管材料的地方，另一部分人則於每年收穫期，集合於西北方吉查尼亞（Zizania）沼澤之地。巴爾苦（Barku）的澳洲土人散居各處，到了收穫節（Erntefest），則會合於產穀的馬西尼亞森（Marsiliaceen）」（註六二）。「昆士蘭（Queensland）的邦加邦加樹（Bunga-Bunga-Baum）如果結實太多，縱會儲積起來，亦超過該種族所能消費之上，

註六一　Ratzel, I. c. I. p. 318. 540.

註六二　Ratzel, I. c. I. p. 106.

則異邦種族得受其欵待而分享之」(註六三)。「又有若干種族對於生產造斧材料的地域，約束共同享受其所有權(註六四)。此外，我們常常聽見澳洲老人集合一處，共同評議，共同審判。開會之時，其他人民均為傍聽人，其狀與日耳曼平民會議（Thingordnung）相同(註六五)。

此種集會當然可以發生物物交換之事。「非洲中部黑人在原始森林之中，於特別保障和平之下，每星期互市一次」(註六六)。北極狩獵民（Polarjäger）及都克森人（Tschuktschen）尚未脫離原始人的生活，然每歲亦必互市一次。此種互市均由上述集會壇變更而來。

這些一切都有一個前提，卽隣近各羣之間，和平交易頗見發達。其實，此種交易到處都有。當人類尚不知道利用別人為「工作動力」（Arbeitsmoter）之時，此種交易容易發生。縱令血統不同，亦惟於發生爭端之際，才視為敵人，異邦人民若肯表示和平之意，均得享受和平的待遇*。於是各種族之間，為要款待外賓，又制定國際禮儀。凡人放下兵器，舉起雙手，皆表示其無敵

註六三 Ratzel, I. c. I. p. 335.

註六四 Ratzel, I. c. I. p. 346.

註六五 Ratzel, I. c. I. p. 347.

註六六 Bücher, Entstehung der Volkswirtschaft, 2 Aufl. Tübingen 1898 p. 301.

*著者謂，今日尚有一種寒暄語：「與汝共和平」（Friede sei mit dir!），托爾斯泰（Tolstoi）不知這句話是戰爭不息時代的記號，而乃誤認為和平的黃金時代的殘物，他的見解多麼愚昧（Die Bedeutung der russ. Revolution, dtsch. v. Ad. Hess. p. 17.）。

意。又者他們派遣使者，使者所到之處，不得加以任何侮弄(註六七)。

很顯明的，這個形式是一種賓客權（Gastrecht）。和平的交易有恃於賓客權，而後才得發生。主客互贈物品，可以引起眞正的貿易。然則賓客權是由那一種心理發生出來？

據衞斯脫馬克（Westermarck）在其名著「道德觀念的起源及其發達」（Ursprung und Entwicklung der Moralbegriffe）(註六八)中所說，招待來賓的習慣所以發生，乃有兩種原因：一是好奇心的作用，欲從遠客那裏聽到各種稀奇的消息，二是恐怖心的作用，以爲生客必有符咒的魔力*（聖經亦謂：也許生客是一位仙女，故寧以賓禮厚待之）。迷信的種族畏懼生客的符咒——例如希臘人所崇奉的呪咀之神（Erinnys）——故不惜千謀百計，討其歡心。既然待以賓客之禮，則不可侵害其身。他享有同一血族同樣的權，而在逗留期間，且認爲血族之一分子，於是他對於族中的財產，也可以分沾了。主人所嗜好的物可求之於客，客所嗜好的物，主人亦給與之。這種和平交

註六七 Ratzel, I. c. I. p. 271. 關於太平洋諸島土人（Ozeaniern），說道：「部落與部落的交際，是以聖神的使者充任之，最好是老婦。她們常作貨物的交換。此外，澳洲土人的同樣習慣，可參閱 p. 317.

註六八 Deutsch von L. Katscher, Leipzig 1907.

*著者謂：古代有用老婦作使者的習慣。其原因亦在於此。老婦有兩重優點：其一、老婦體力衰弱，不能作戰。其二、老婦容貌奇醜，人們將認其有符咒的魔力（Westermarck, I. c.）。老人與老婦不同，老人或將變爲鬼怪（Geister），人們須愼重招遇他們。

際漸次加多，則主客的餽贈將發達爲商業行爲。商人受到歡迎，而又能夠懋遷有無，其所受殷勤的款待若在別處，縱冒生命的危險，亦難得到。如是，商人願意再到該地，自是意中之事。

國際分工當然是正式商品交換的前提。此種分工遠較一般所知道的更爲古遠。「分工惟在經濟高度發達之時，才會發生。此種意見是錯誤的。非洲內有鐵匠的村落，但只能鑄造投射所用的匕首。新幾內亞（Neuguinea）有製造陶器的鄉村，北美洲有製造箭鏃的匠人」（註六九）。此種專門職業所製造的物經行商之手，或依賓客的贄見，或依和平的贈與，由一民族傳遞於他民族，終則發生商業。北美洲的卡圖人（Kaddu）以賣弓爲業。「黑色石頭（Obsidian）在黃石（Yellow-stone）、蛇河（Snake River）、新墨西哥，尤其在墨西哥，常用爲箭鏃及小刀的材料，所以此類貴重材料就分配於遠近三千哩之地，而至於俄亥俄（Ohio）及田納西（Tennessee）（註七〇））。

關於此類事實，菲爾康特（Vierkandt）以爲：「由自然人（Naturvölker）的自給經濟之中，產生了一種與近代狀況完全不同的貿易……每個種族都有其特殊技能，這是可以引起交換行爲的。卽在比較不開化的南美洲印第安種族之間，也可以發見其技能的分化……他們的生產物由於通商貿易，分布甚廣。但其分布不是倚靠於職業的商人，而是一種族一種族的傳遞。貿易的起源固如標赫（Bücher）所說，須回溯到主賓交換贄物之時（註七一）。

註六九　Ratzel, I. c. I. p.81.

註七〇　Ratzel, I. c. I. p. 478-479.

註七一　A. Vierkandt, Die Wirtschaftlichen Verhältnisse der Naturvölker (Zeitschrift für Sogialwissenschaft, II. p. 177-178.）

除主賓交換贄物之外，雙方敵人戰後交換贈品，表示媾和已經成功，也可以發生商業。沙道紐斯（Sartorius）關於波利尼西亞人（Polynesien）有所報告：「各島土人互相衝突之後，他們常交換贈品，以保證和平，其贈品必是珍奇的物。倘令贈品與回贈品能使雙方歡悅，則將重複行之。於是就開始貨物交換之端。這種交換與主賓之交換贄物不同，它是造成繼續的商業行爲的基礎。互相交換的人不是個人，而是種族或民族。交換的第一種物品是婦女。許多資料告訴我們，婦女有時與牲畜交換，此種交換又是異族間發生聯繫的鎖鏈（註七二）。

於此，我們又發見一種物品（婦女），縱令沒有國際分工，也可以互相交換。婦女的交換實開貨物交換之端。國家是戰鬪的結果，婦女交換卻是各族和平結合的第一步。

理伯爾（Lippert）相信火的交換發生甚早，乃在婦女交換之先（註七三）。但他只從祭祀及法律的記事中，推論遠古曾有火之交換。吾人既缺乏直接資料，故不欲多所討論。

婦女的交換到處都有，其對於近鄰各種族，當然可以促進其和平交際，並增加其貨物交換，沙賓勒（Sabine）的婦女常於她們兄弟及丈夫出戰的時候，投身於兩陣之間。這個故事在人類發達的路程中，我相信必有其事。近親結婚全世界均視爲罪惡，均認爲敗壞血統（Blutschande），

註七二　Kulischer, I. c. p. 320-321.

註七三　Lippert, I. c. I. p. 266ff.

理由何在，現在姑且不談(註七四)。人們常向隣近婦女發洩春情，因之，婦女的掠奪便成爲最初種族關係的一部，除非種族偏見爲其障碍，婦女的刼掠必逐漸進化爲婦女的交換和買賣。由男子看來，以他們自己同一血統的婦女爲發洩色慾的對象，其主觀的價值比別個種族的婦女少。

分工可以促進貨物的交換，而婚姻關係又可以促進貨物交換的發達，而使種族不同的人羣結成和平關係。和平本來只存在於親族關係之內，現在卻擴張到較大範圍之外。我們試於許多事實之中，引出一例，以作證明。「兩個喀麥隆（Kamerum）種族各有他們自己的「叢林場所」(bush countries)，他們均在該地交換貨物，又依互相通婚而相結爲親屬。如是，族外婚姻(Exogamie) 又成爲結合各種族的因素(註七五)。

以上是述和平的貿易由賓客權或婦女的交換——也許又由火的交換——發展到貨物交換的主要途徑。我們尚欲再加數語：市場與互市，甚至於商人，到處都認爲受到神的保護。神呢？它保護和平並懲罰那破壞和平的人。現在試再研究政治手段如何侵融經濟手段，加以破壞並改造，向前作更進一步的發展情形。

第二節　商業與原始國家

搶刼的戰士用武力得到的市場及互市，又將市場及互市放在自己勢力範圍之內，他們所以必

註七四 Westermarck, History of human marriage.

註七五 Ratzel, I. c. II. p. 27.

須公平處理市場及互市，乃有兩種重要的原因。

第一爲非經濟的原因。他們都有一種迷信的恐怖，以爲破壞和平，必遭神譴。第二爲經濟的原因，他們破壞市場，他們自己便無以爲生。這第二原因尤爲重要——我敢誇言我是第一位說出這個關係的人。

在原始人刼掠戰利品之中，必有許多他們不能直接消費或使用的貨物。他們所有的貨物若種類少而數量多，每個貨物由他們觀之，其邊際效用是極微的，尤其是政治手段所俘虜的奴隸爲然，玆先試明遊牧民的情形。他們需要的奴隸人數常受到他們所有牲畜頭數的限制，他們都願意將剩餘的奴隸去換取王觀價值較大的物品，如食鹽、裝飾品、兵器、金屬、布匹、器具等等。所以遊牧民不單是一個強盜，且又是一位商人，且爲保護商人的人。

他們要把戰利品與別個文化區所生產的貨物交換，不能不保護那些來遊的商人。遊牧民常領率商隊越過高原或沙漠，而收取一定保護金。他們在國家尚未發生以前，又於他們佔領的地方，保護商業。過去遊牧民由熊的階段躍入於養蜂人的階段，現在遊牧民又願意保護市場及互市，其原因是一樣的。一次的刼掠無異於殺鷄取卵，所以不如維持市場，保護和平，尤爲有利。何況此種作法尚有別的利益，即不但可把戰利品與珍奇的貨物交換，且可以得到貢賦及保護金。因此之故，一切封建國家的君主無不借口於「國王的和平」（Königsfrieden）而特別保護市場、道路及商人，且保留國外貿易的專利權於自己手上。我們到處可以看到君主忙碌於給與保護及特典，以促進新市場新都市的建立。

市場既有許多利益，所以遊牧民非常尊重他們勢力範圍內的市場。他們對於市場，已不採用政治手段，甚至於不加統治（Herrschaft）＊。赫羅多特（Herodot）很奇怪的告訴我們：斯基登（Skythen）遊牧民的住地固然沒有秩序，而其間乃有一個亞智柏爾人（Argippäer）的神聖市場；而市場的神聖和平又能夠保護該地許多沒有武器的居民。這個記事是可信的，且有許多事實證明其可信。「任誰都不得傷害商人，因為商人是神聖的。商人沒有任何武器，但排解隣人紛爭的卻是商人。逃亡人（Flüchtling）託庇於商人之下，任誰都不得傷害之」(註七六)。這個事實到處都可以看到。「亞智柏爾人就是如此。他們人數不多，雜居於伯籌勒（Beduinen）遊牧民之間，一方經商，同時排難解忿。他們是神聖的，公正的、沒有兵器的」(註七七)。其比較進化的，可舉刻勒（Cäre）為例。據斯特拉波（Strabo）說，該處住民勇敢而又公正，甚受希臘人尊敬。他們雖然孔武有力，而決不作搶刼之事」。孟森（Mommsen）引了這一段話，又加上幾句，「刻勒商人不像別處商人那樣，做過海賊。刻勒之地由腓尼基人（Phönizier）看來，由希臘人看來，是一個自由港(註七八)。

＊譯者案，這就是歐洲中世末期，各地有自由城市的來源。

註七六 Herodot, IV. 23. Zit nach Lippert, I. c. I. p. 459.

註七七 Lippert, I. c. II. p. 170.

註七八 Mommsen, I. c. I. p. 139.

刻勒與亞智柏爾人的市場不同，不是設置於海上遊牧民領土之上，乃設置於一個保證和平的海港，這個海港是在海上遊牧民領地之內。我們於此又看到一個特別形態的構造，其價值如何，世人皆不能明瞭。據我之意，這個構造對於海國的發生，乃有很大的影響。

一個原因使陸上遊牧民經營商業，而設置市場。這個原因又可發生作用，強迫海上遊牧民採取同一的行動。爲什麼呢？戰利品的運送，尤其牲畜及奴隸的運送，要越過沙漠或高原，甚覺困難。行程太慢，易受襲擊。反之，若用船舶，則運輸容易，而且安全。因此海寇多出身於商賈，不過其性質稍與遊牧民不同。歌德（Goethe）在其浮士德（Faust）中，說道：「戰爭、商業與海寇，三位一體，不可分離」（Krieg, Handel und Piraterie dreieinig sind sie, nicht gu trennen」，可供爲上文所述之證明。

第三節　海國的發生

我相信海賊販賣戰利品，在多數情形之下，乃是地中海沿岸產生城市的原因。此種城市又成爲政治的中心，古代史均記述其周圍的事，所以此種城市也可以稱之爲地中海文化的城市國家。同時，在其他極多的情形之下，通商貿易又促使城市於政治上作更進一步的發展。

此種市場港灣（Markthafen）是從兩種形式發達起來，或因海盜在別國海岸，建築城堡而直接發生；或因海盜依通商條約，得住居於原始的或進化的封建國家的港灣，遂把港灣構成爲「商人殖民地」（Kaufmannskolonien）而後發生出來。

第一個形式完全與我們所說的第四階段相同。我們從古史上可以得到許多重要的實例，以證明武裝的海盜在別國海岸，選擇商業上有利、戰術上易於防禦之地，設置殖民地。其中最可令人注意的，則爲迦太基（Karthago）。希臘的海上遊牧民，如伊奧利亞人（Ionier）多利亞人（Dorer）亞智爾人（Achäer），也同樣設置其堡壘於意大利海岸及海上的島嶼和法國南部的港灣。腓尼基人（Phönigier）挨特魯斯加人（Etrusker）＊，希臘人——據最近研究，尚有迦利安人（Karer）——也於地中海沿岸，建立同一形式的國家，其身分制度有似於領主與農民的關係。所謂農民是在附近土地耕耘（註七九）。

此種海岸國家（Küstenstaat）有的發展爲陸國形式的封建國家，其統治階級變成土地貴族。考其原因有二：一是地理上的關係，即缺乏良港，而和平的農民又在廣大的後方耕耘。二是海盜

＊原著者謂，挨特魯斯加人是好戰種族，他們是由陸路移住於意大利，變爲海盜，越過海洋麼？抑或本來就是海盜，而以挨特魯斯加海洋爲根據麼？不甚明白。

註七九　在印度洋各島住民之中，也有同樣情形。馬來人就是海盜。「殖民有重大的作用，其征服與移住越過海洋……令人回想到希臘人的移住……一切沿岸地帶都有異族居住。他們似無必要，而必侵占土人之地……拖爾那特（Tornate）將侵略的權利賞給豪族（adlige Hänser）。它們後來就成爲布魯（Buru）及塞蘭（Ceram）等島的代理總督（Statthalter），而有一半的主權。

從其母國帶來身分制度。他們是內戰失敗的逃亡貴族，或是青年子弟投身於海盜之中，而流亡於該地。他們在其本國都是領主，所以一到外國，也尋求「土地與人民」。盎格魯薩克遜人之占領英吉蘭，諾爾曼人之占領南部意大利都是其例。西班牙及葡萄牙人之在墨西哥及南美洲殖民，其性質也是一樣。此外，亞智爾人（Achäer）殖民地的大希臘（Grossgriechenland），對於海上遊牧民建設封建國家，又提供一個極重要的實例。亞智爾人的城市聯盟（Städtebund）是眞正的殖民城市沒有海港——只唯克羅頓（Kroton）有一個艤舟處——也沒有商業，買賣是由美勒西爾人（Milesier）及挨特魯斯加人（Etrusker）爲之。反之，此地的希臘人不但占領海岸地帶，且又管轄海洋……土着農民或爲佃戶，或爲農奴，耕種主人的田園，向其繳納貢賦（註八〇）。克勒打（Kreta）的多利亞人（Dorier）的殖民地也是一樣。

此種陸國無論其興亡如何頻繁，而在世界史之上有重大意義的，卻不是這一類國家，反而是那專力從事於商業及海盜的海港城市（Seestadt）。孟森（Mommsen）用明確且精巧的語句，把亞智爾人的土地貴族與意大利南部希臘殖民地的貴族商人（Königlichen Kaufleute）比較，說道：「他們決不輕視農業的土地及收穫。希臘賢俊之士在他們國力已經強大之後，決不像腓尼基人那樣，於野蠻國家之間，築了一個堅固的商埠，而即心滿意足。其實，此種城市自始便專爲商業而

註八〇　Mommsen, I. c. I. p. 132.

設置。所以它與亞智爾人的殖民地不同，常設置於最良的港灣及登岸方便的地方(註八一)。我們可以斷定，此時建設城市的，決不是土地貴族，而是海上商人——伊奧利亞（Ionien）確是如此。

眞正意義的海國或海港城市，不僅是依征服而成立，亦有依和平方法而成立的。海盜遇到的若非和平的農民，而是好戰的原始封建國家，則他們必提議和平，成爲「商人移民」（Kaufmannskolonien）而居留於其地。

我們在世界上各處海邊及陸上市場，都可以看到此事。北海及波羅的海沿岸有北德商人的居留地，倫敦有 Stahlhof。瑞典、挪威、雪汶島（Schonen）及俄羅斯的諾夫哥羅德（Nowgorod）有漢撒（Hansabund），都是顯著的例。立陶宛大公國的首都維爾拿（Wilna）也有這一類殖民地。威尼斯的特德詩（Tedeschi）的商人街，亦是一個例子。異邦人均集合起來，成爲一個團體，而執行自己的法律及審判，有時且得到政治上的大權，終而控制全國。拉則爾（Ratzel）關於印度洋沿岸及各島的記事，可以視爲紀元前一千年腓尼基人及希臘人侵入地中海的紀錄。「全體民族無不忙碌於經商。尤其聰明、勤勉、足跡無所不至的蘇門答臘的馬來人（Malaien）、奸邪的塞勒柏斯底（Celebes）的布基人（Bugi）更是如此。從新加坡至新幾內亞，到處都可以看到他們。近來他們復應本國領主之請，成羣結隊，移民於波爾利奧（Borneo）。他們的勢力很強，可依自己的法律，統治自己。他們又自信自己很強，每每企圖獨立。從前亞特齊爾人（Atchinesen）

註八一 Mommsen, I. c. I. p. 134.

的地位有似於此。馬拉加（Malakka）是蘇門答臘至馬來的商業中心點，自從衰落以後，亞清（Atchin）在十七世紀初葉，即在世界史新時代開始後數十年中，成爲遠東最繁榮的海港」（註八二）。在許多實例之中，下列數例可以表示此種殖民形式的普遍性。烏爾卡（Urga）之地，商人掌握政治上的實權，他們聚居於一條中國街」（註八三）。在猶太人國家之內，「有外國商人與手藝匠的小殖民地，他們卜居於郊外的特定區域，既受國王的保護，又得依其自己習慣而生活」（註八四）。「伊佛拉姆王奧姆利（der ephraimitisch König Omri）與其敵人達馬森王（der damaszenische König）交戰，兵敗之後，亞拉邁商人（die aramäische Kaufleute）要求開放沙馬利亞（Samaria）市內——商人在王的保護之下，得在此經商——一部分之地，後來，繼統之王亞哈布（Ahab）戰勝了，尙向亞拉邁王（der aramäische König）要求伊佛拉姆商人（die ephraimitische Kaufleute）在達馬斯科（Damaskus）享受同等的特權（註八五）。「意大利人民無論在什麼地方，總是結合爲鞏固的組織，兵士編爲軍團（Legion）。大城市的商人組織他們自己的商會，而住居於各省區（Gerichtssprengel）的羅馬市民又有他們自己的陪審官名册（Geschwormenliste），其甚者且依自治憲法（Gemeindeverfassung），設置羅馬市民會（Kreise, Conventus Civium Romanorum），

註八二 Ratzel, I. c. I. p. 160.

註八三 Ratzel, I. c. II. p. 558.

註八四 Buhl, I. c. p. 48.

註八五 Buhl, I. c. p. 78–79.

共同生活(註八六)。我們又回想到猶太人所居住的革提(Ghetti)，在中世，猶太人慘遭虐殺以前，革提也是商業殖民地。現今歐洲商人在外國的商埠，亦常設置租界，由他們母國憲法及領事裁判權統治之。中國(現已取消)摩洛哥尚須忍受這個不平等的待遇。日本及土耳其到了最近，才解放於這個束縛之外。

我們最感覺興趣的。此種殖民地常常擴大其政治勢力，而至於完全得到統治權爲止。這當然有其理由，商人有大量的動產，此種財富在封建國家發生紛亂之時，例如兩國交戰或皇族爭奪皇位，都可以發揮作用。此外，商人又有母國人民爲其後盾，在必要時可以訴諸武力。但我們須知結合母國人民與商人的，除血統關係外，尚有商業上的利益。有時商人自己也可以動員那批習於戰事的船員及多數奴隸，於小規模內，發揮威力。下列阿拉伯商人在非洲東部所作之事，向來人們不甚注意，其實，可以指示歷史上一個形態。

「當斯丕刻(Speke)於一八五七年以歐洲人的身分作第一次探險的時候，阿拉伯人尙以外國人的資格，居留該地經商。到了一八六一年，斯丕刻第二次旅行其地，阿拉伯人已經成爲大地主，有廣大的土地，且與土着領主作戰。此種事件在其他非洲腹地各處是常常有的。其所以如此，乃是因爲環境所迫。外國商人不論是阿拉伯人或是蘇亞赫利人(Suaheli)，其報酬皆爲納稅或建築貨棧，這是酋長們所歡迎的，既有助於酋長的財政，又可以滿足酋長的虛榮。其後商人富

註八六 Mommsen, l. c. II. p. 406.

裕，而欲擴大勢力於各方，遂招酋長之忌，或受壓迫，或遭虐殺，於是他們就拒絕繳納關稅（Zoll）或賦稅（Steuer）。但是關稅或賦稅是隨他們財富的增加，日益加多。到了皇室兄弟爭奪儲位而作戰爭，阿拉伯人便選擇其最有利於自己的，予以協助，而不惜參加內戰，即參加那沒有底止的戰爭。（註八七）

此種移住商人的政治活動常反覆不已。「在波爾里奧（Borneo），由中國採金的殖民地竟然發生了獨立的王國」（註八八）。案歐洲人的殖民地——西班牙及葡萄牙的侵略，英國及荷蘭的東印度公司的侵略，只是海盜行爲的原始形式，自當別論——常表現一種法則：外國人若有優越的勢力，他們的海港及居留地就可以發達爲統治領域。荷蘭人莫爾塔都利(Multatuli)攻擊他的母國，說道：「在萊因河與雪爾德河（Schelde）之間有一個沿海的強盜國家（Raubstaat）。歐洲民族在東亞洲、美洲及非洲的殖民地都是由這兩個形式之一發生出來。

但是外國人未必都是無條件的取得統治權。有時居停國太強了，移住民在政治上仍無勢力，不過受到居留國政府的保護，例如住在英國的德國人是。有時居停國雖被征服，但不旋踵，轉弱爲強，推翻外國的統治，例如瑞典滅亡之後，又起來推翻那行使統治權的漢沙（Hansa）是。有時，第一個征服者把外國商人及居停國一併征服，例如俄羅斯人併吞諾夫哥羅德（Nowgorod）

註八七　Ratzel, I. c. II. p. 191. Vgl, a. p. 207–208.

註八八　Ratzel, I. c. I. p. 363.

及伯斯科夫（Pskow）兩共和國是。但商人之在外國致富的，往往與其母國貴族結合，成爲一種統治階級。其過程有似於兩個勢力相等的統治羣發生衝突，終而構成爲陸國。我們以爲古代最重要的城市國家例如希臘羅馬，其發生都是依最後所述的形式。

用布烈西希（K. Breysig）的話來說，我們於希臘史，只知道中世；於羅馬史，只知道近世。至於以前的歷史，我們要推知之，必須愼重。但是雅典、哥林多（Korinth）、美刻雷（Mykene）、羅馬是依上述過程，成爲國家，確有許多事實可以證明。縱令一切民族學及歷史資料不許我們作此論斷，然而我們亦得作此類推。

我們從地方的名稱（例如 Salamis 乃和平島，卽與市場島同一意義）、英雄的姓名、紀念物品，直接傳說，都可知道希臘商埠有腓尼基人的商店，在商埠後方有許多小封建國家，其社會階級分爲貴族，自由民及奴隸三種。固然我們不能提出證據以證明腓尼基及迦利安（Karischen）商人（至今尙不明其眞相）曾與土着貴族通婚，成爲完全的市民，有的且成爲領主。但是此種城市國家因受外國影響，卒能大大發展，固不待論而知。

羅馬也是一樣，關於羅馬，我們可看孟森（Mommsen）所述。

「羅馬勃興了，其在世界史之上所以有重大的意義，乃有賴於商業的及戰爭的關係。其證據可從許多遺跡中搜尋出來。而遺迹的價値又遠較那認爲可以深信的歷史傳說爲大。刻勒（Cäre）與挨特魯利安人（Etrurien）的關係，演變爲拉狄姆人（Latium）與羅馬人的關係，終則刻勒遂成爲羅馬近鄰的商業上的友邦。由於這個事實，臺伯河（Tiber）的橋樑和架設橋樑之事對於羅馬社會，遂有重大的意義。又由於這個事實，關稅就只課於賣給別人的商品，凡貨物由奧斯底亞港（Ostia）進口，而專供運輸人自用的，不必納稅。所以關稅乃是純粹的通商稅。復由於這個事實，羅馬自昔就鑄造錢幣，且與海外各國締結通商條約，而獲得一種優先權。在這個意義之下，不論羅馬起源的傳說爲何，羅馬與其說是自然生長的城市，不如說是人工造成的城市。而在拉丁人諸城市之中，與其說是最古的城市，不如說是最晚的城市。」（註八九）

此種事實也許可能有之，也許確實有之，我們研究此種事實，而欲對於主要城市國家的制度史，作成一個最必要的結論，恐非畢生專攻歷史不可。果能作此結論，則埃特魯斯刻人（Etrusker）之統治羅馬，羅馬富豪的起源，雅典的外籍商人，以及其他問題，現在尚不明其眞相的，必定可以分析其原因之所在。

能夠這樣，我們方能不受歷史傳說的拘束，覓得一條路線，引導我們進入事實之門。

第四節　海國的本質及其結局

海國或起源於海盜的城堡；或則陸上遊牧民本來定住於海岸，後來變爲海盜，而居於港灣，遂由港灣進化爲一個海國；或則商人殖民地受到居停國（Gaststaat）的款待，遂與居停國的統治

註八九　Mommsen, I. c. p. 46.

階級混合，終亦得到統治權，而發展為海國。不問如何，它們由社會學的觀點看來，都是眞正的國家。它們正是政治手段的組織，其形式為統治，其內容是統治者於經濟上利用被統治階級。是故海國在原則上與陸上遊牧民所建設的國家沒有區別。不過海國又由內外兩方面的原因，其形式與陸國不同，其階層心理也與陸國有別。

固然如此，而海國的階層精神與陸國的階層精神並無根本歧異。統治階層常如德國中世的貴族一樣，輕視平民，更輕視賤民（即所謂「綠爪甲的人」（Mann mit den blauen Nageln），縱令統治者生於自由民之家，亦必因其寒素，不與通婚，不與交際*。華門貴胄的階層理論與土地貴族的階層理論，本來沒有差別。但環境變化之後，他們的階層理論乃應着階級利害，發生變化。在商人統治的地域內，剪徑（攔街搶刼）是不許其存在；所以他們以剪徑的行為為卑劣的犯罪，海上希臘人就是其例。如其不然，忒賽人的故事（Theseussage）何至諷刺德國之有剪徑？反之，「他們在遠古時代，卻甚欽仰海盜，以為海盜不是不名譽的職業。荷馬詩中尙有許多證據。縱在較晚的時代，波里克拉忒人（Polykrater）亦曾組織強有力的強盜國家（Räuberstaat）於沙摩斯島之上**。在羅馬法典之中，也說到梭倫（Solon）的法律曾承認海盜團體為一種合法公

*譯者案吾國南北朝時，士族與寒人亦有此種區別。

**Büchsenchütz, Besitz und Erwerb im griechischen Altertum.

司＊＊＊（註九〇）。

我們對這枝節事件，所以不厭詳細說明者，乃欲闡明「社會意識的上層構造」（der ideologischen Oberbaus）之起源＊。按海國的基礎條件與陸國不同。因其不同，就產生了兩個世界上極重要的現象：一是民主憲法的發生，由此遂有東方的土耳其主義與西方的市民自由的偉大鬪爭。據孟森（Mommsen）說，這個鬪爭是世界史的眞正內容。二是資本主義的勞工經濟的完成，其結果，遂使一切海國踏上毀滅之途。

現在先考察陸國與海國根本不同之點，而研究其內在原因，即社會心理的原因。

國家發生的原則，也便是國家存續的原則。土地與人民的征服是陸國的本質。因之，陸國必須繼續不斷的征服土地與人民，而後方得生長；只惟遇到山嶽，沙漠或海洋，由這自然的限界，才被阻止；又只唯遇到自己不能征服的其他陸國，由這社會的限界，才被阻止。反之，海國則起源於海盜與商業，因之，海國又用這兩個手段以擴大其權力。海國爲達到這個目的，原不必講求控制其膨大的領土之法。其所獲得的新領土常停止於國家發展的第一階段至第五階段之間，很少能夠越過第五階段，進入於第六階段——換句話說，與本國融合，成爲一個國家——偶而有之，亦必是環境所迫，不得不然。海國只要能夠抵禦別國的海上遊牧民及商人；只要能夠獨占海

＊＊＊Goldschmidt, Geschichte des Handelsrechts.

註九〇　以上兩個引文均引自 Kulischer, I. c. p. 319.

＊原著者謂歐洲唯一海國的大不列顚，今日尚不肯放棄海盜權（Kaperrecht）。這不是可以證明此種關

係麼?

盜及商業兩個業務；只要能夠利用堡壘及軍隊，以管束其臣民；只要能夠確實控制（卽永久的管理）重要的生產區、尤其是鑛山、鹽場、漁撈區、產穀地帶、出產良材的森林；只要能夠強制臣民在生產區內工作，就可以保其獨立。其欲征服土地與人民，換言之，其欲征服本國領土以外的莊園（Rittergüter），乃開始於海國征服陸國，而與陸國混合爲一體之時。縱在這個場合，也與陸國不同。大地主的地租是用貨幣徵收的。因此，大地主常是「不在地主」（Absenteebesitz），自己逍遙遠方，託其徒附管理土地。迦太基及後期的羅馬帝國就是其例。

海國也和其他國家一樣，統治階級治理國政，常爲自己利益打算。但是統治階級的利害觀念，海國又與陸國有不同之點。封建土地領主所以有財富，因爲他們有腕力，卽因爲他們有土地及人民。海國豪族（der Patrizier der Seestaat）所以有權力，因爲他們有錢財。大地主必須依靠他們所養的戰士以統治國家，所以他們爲增加戰士人數，必須盡量增加領地及臣民的租稅。但是海國貴族是依靠他們的動產以統治國家。他們利用金錢，雇用勇敢善戰的人，並買收意志薄弱的人。他們從事海盜及商業，以取得錢財，比之陸上戰爭及遠方物產的占有，更見迅速，更爲容易。他們要利用此種財物，必須離開城市，最後卜居於物產所在地，而變成封建的土地貴族。何以故呢？貨幣經濟尚未發達，城市與鄉村又未能完全分工，在此種社會之內，要利用土地生產物，只有依靠自然經濟，才有可能。「不在地主」採用地租之法，是當時的人想像不到的。但是我們研究的對象還是原始階段的情況，不是進化時代的情況。當此之時，城市貴族多不願離開其繁華的故鄉，深入不毛之地，與野蠻人爲伍，所以他們也絕不肯放棄政治權力。總之，一切經濟的、社會的及政治的利害常強迫他們去做海上貿易，即對於他們生活給予刺激的，不是土地資本，而是流動資本。

縱令地理的條件允許海上城市（海國）擴大其勢力範圍於後方，然統治階級亦必寧願致力於海上霸權，而不肯向陸地發展。迦太基不欲占領廣大領土，而願取得海上的利權，即其一例。迦太基所以侵略西西里（Sizilien）及哥西加（Korsika），不是要占領其土地，而是要制止希臘及埃特魯斯刻（Etrusker）商人的競爭。迦太基所以擴大領土而防禦利比亞人（Libyer），是欲保障其他領土的安全；迦太基所以侵服西班牙，其根本動機是欲取得鑛山。漢沙（Hamsa）的歷史與上文所述有許多類似之點。

而且海上城市大約沒有征服較大領土的能力，縱有征服的意志，而地理的條件亦不之許。地中海沿岸各處除幾個地方之外，多是不毛之地，而又有高山爲阻。那些小國以商埠爲中心，漸次發展，但其幅員卒不能達到相當寬度者，地理的條件實爲其障碍。反之，遊牧民所統治的陸國，大率早已成爲大國，其甚者，幅員之大尚足令人駭異。又者，海國的領土所以不能擴大，尚有第二個原因。地中海沿岸後方，不論是山嶽或是平原，均有勇敢善戰的種族。此輩種族或爲狩獵民，或爲遊牧民，而均不易征服。此外尚有原始封建國家，其統治階級是與海上遊牧民同種，非經激烈的戰爭，不易征服。希臘內地許多國家沒有爲海國所征服，就是其例。

因此之故，海國雖甚強大，其勢力只能局限於商業海港，不，只能集中勢力於商業海港。反之，陸國自始就非常的分散。領土愈擴大，分散的程度愈顯明。到了後來，先採用城市國家的政治制度及經濟組織，最後才改造爲中央集權——這是近代大國家的特徵——以上是海國與陸國第一個不同之點。

第二個不同之點，其重要性不在第一點之下。這就是陸國長時期內停滯於自然經濟的階段，而海國則很快的達到貨幣經濟之域，這個不同之點也是由國家的基礎條件發生出來的。

由「自然國家」(Naturalstaat)看來，貨幣經濟是無用的長物。因其無用，所以一個社會回歸到「自然經濟」(Naturalwirtschaft)之時，其已發達的「貨幣經濟」(Geldwirtschaft)必至凋榭。喀爾大帝(Karl der Grosse)鑄造良幣之後，經濟狀況又將良幣驅逐出去。因爲紐斯特利恩(Neustrien)——奧斯特拉西(Austrasien)又當別論——受了民族移動的影響，又回歸到自然經濟。此種國家沒有比較進步的市場交易，因之，也不需要貨幣以作價值的尺度。佃戶繳納貢賦所用的物品便是領主與其徒附直接消費的物品。領主需要裝飾品、美麗的布匹、貴重的兵器、以及馬、鹽等等，則用自然經濟的生產物，如奴隸、牛羊、蜜蠟、皮革等物，以現物交換的形式，由行商處換得之。

反之，城市生活只要發達到相當程度，則不能一天沒有貨幣，以作價值的尺度。城市的自由

手藝匠不能用他自己的生產物，直接與別個手藝匠的生產物交換。因爲別個手藝匠未必需要他所製造的物品。城市之內，任誰都須購買一切物品，縱令零售食物的商人也是一樣。因之，貨幣便成爲萬不可缺的東西。但是商業，最狹義的商業——即不是商人與顧客的交易，而是商人與商人的交易——也非有價值的尺度不可。例如一位商人運了一船奴隸進港，他想以奴隸與布匹交換，再運輸於別個地方，幸而找到了一位布商。但這位布商又不需要奴隸，而需要鋼鐵、牛羊或皮革。這個時候，要完成這種交換，至少非有數次中間交換不可。倘有一個商品而爲衆人共同愛好的，則這種麻煩可以避免。在自然經濟的陸國中，馬牛是人人所欲的，故能代替這個商品。反之，船主卻不願意運載牲畜回國，於是金銀就成爲貨幣。

海國或海上城市國家——此後我均稱之爲海國——的兩個特質，即中央集權及貨幣經濟又決定了海國的運命。

城市住民的心理尤其海上商業城市（Seehandelsstadt）的住民的心理與鄉村住民的心理，完全不同。他們的觀察也許淺薄，但其見聞比之鄉村住民比較的自由，又比較的豐富。城市住民一天受到的刺激比之農民一年得到的經驗還多。他們看慣了日新月異的奇形怪事，他們的心理便比較靈動。他們比之農民，隔離自然界較遠，其依賴自然界亦較少，所以他們不大畏懼鬼神。其結果，城市的臣民對於第一身分或第二身分所標榜的塔布（Tabu）的命令，遂不甚尊敬。同時臣民人口又多，成爲羣衆，而作共同生活，所以他們又發見羣衆的力量，比之農民們，更富於反抗及叛亂的性質，農民離羣索居，不知羣衆的力量，所以他們的領主在每次鬪爭中，若與徒附聯合，必能得到勝利。

這個城市住民的情況可使原始封建國家所創造的固定的服從關係，日漸瓦解。在希臘，只唯陸國方能把其臣民長期抑制於奴隸的境遇，如斯巴達人對於 Helote（奴隸）、忒沙利亞人（Thessalien）對於 Peneste（奴隸）一樣。反之，在一切城市國家，我們卻發見平民抬頭，激烈反叛，而統治者乃沒有能力作有效的抵抗。

經濟情況也和殖民的狀態相同，向同一目標發揮作用。動產不如土地財產那樣固定，海上是無常的，海戰及海盜的運命也是無常的。今天是富豪，一夕之中可失去全部財產。赤貧的人一旦運來，又可一躍而攫萬金。但是一個社會若以財富爲基礎，喪失財富就是喪失品位及其原有階層；取得財富，就是取得品位及其更高階層。富裕的平民爲爭取平等權，出來作立憲的鬪爭。他們此際常成爲民衆的領袖，縱犧牲全部財產，亦所不顧。貴族受到壓迫，如果不能不承認平民的要求，則貴族就難維持其地位。換言之，貴族若承認平民的要求，就不能以其世襲的權利視爲神聖的制度而永久保有之。自是而後，就流行一種主義；凡事對於某一個人是正當的，對於別一個人也是正當。於是貴族政治之後，繼之以財閥政治，繼之以民主政治，繼之以衆愚政治（Ochlokratische Regiment），最後不是爲外國所征服，就是一位「手執軍力的救世主（Säbelheiland）」出來收拾殘局，而施行專制政治。愚民的放縱生活於茲告終。

不但國家，就是民族也常常因此而至滅亡。一切城市國家若以海盜及海上貿易爲基礎，使其貨幣經濟日益發達，必將產生一種社會制度，即資本主義的奴隸經濟，而資本主義的奴隸經濟又可使民族趨於滅亡。奴隸制度是傳自原始封建時代，最初也和自然經濟一樣，沒有弊害。但是奴隸一旦受到資本主義的方法侵削之時，換句話說，奴隸勞動若非用之以交換貨物，而是用之以增殖貨幣，則奴隸制度勢必根本破壞了全國生活。

海盜、刼掠、商戰，此三者都可使國內造成無數的奴隸。市場上購買力的增加常常發生集約的農業（intensive Landwirtschaft）。住在城市的地主愈想提高地租，愈想搾取領地，也愈益渴望土地。自由民住在鄉間，國家既爲大商巨賈而作戰爭，又令自由民負擔戰事費用，農民負債漸多，地主淪落爲債務奴隸或成爲乞丐，流入城市，而城市之內又無勞動機會。豈但如此，農民排斥於農村之外，這對於城市的手藝匠及小商人亦有損害。何以說呢？農民須向城市購買物品，而大地主除將奴隸的生產物供給自己需要之外，尚有剩餘販賣給農民。如是，手藝匠及小商人亦不能生活了。這個害菌更可破壞一切！城市的小工業販賣其工業品於城市，本來只足保其殘喘，現在因爲大企業家利用廉價的奴隸勞動，小工業何能與其競爭，勢非沒落不可。中產階級全部解體，貧無一物的羣衆，即所謂流氓無產者（Lumpenproletariat）在這時期，就利用民主憲政，成爲國家的主權者。但是這個階級遲早於政治上或軍事上亦必沒落，縱令沒有外國的侵略而因人口銳減，即因爲民族萎靡，而至滅亡。關於此事，我不想再作進一步的研究。

城市國家能繼續存在數百年之久，只有一國。其理由是這樣的，這個國家是最後勝利者，爲防止人口減少，曾採取一種政策，強制農民移住於征服得來的土地之上，以創造城市的或鄉村的中間階級。這個國家就是羅馬帝國。但此偉大的組織體，最後還是因爲資本主義的奴隸經濟，致民族日益萎瘁。不過羅馬帝國確曾征服地中海沿岸及近鄰各處一切國家，而建立最初的主權，卽建立極度集權的大國家。羅馬帝國的統治制度且昭示其模型於世界。其城市組織及貨幣制度又非常發達、非常鞏固，而至於不能根本消滅。所以羅馬帝國滅亡之後，建國於其廢墟之上的封建陸國無不直接或間接受到新刺激，越過了原始封建國家的階段，向前作更進一步的發展。

第四章　封建國家的發展

第一節　大土地私有制的發生

以下試照預定的方針，再回頭說明原始封建國家如何產生一個枝枒——城市國家，而後再研究國家的主要軀幹如何生長。

決定城市國家——海國——的運命的是商業資本的蓄積，決定陸國的運命的是土地財產的集中。國家是以這兩種財富爲中心，而作種種活動。

我們研究遊牧種族的經濟分化（die ökonomische Differenzierung），便可知道政治手段若採取刼掠戰爭的形式，尤其是奴隸制度的形式，則他們必以現有財產爲基礎，而進行儲蓄方法，使其發生效力。卒至種族內部分化爲貴族及自由民，又有政治上毫無權利的奴隸，以第三身分

(dritter Stand)，隸屬於貴族及自由民之下。

原始國家既已發生財產及社會身分的差別，倘若各種定住生活復引起土地的私有，則這個差別將更加強。固然原始封建國家剛剛成立之初，個人所占有的土地面積就有大小的差別。因爲遊牧種族內部已經明顯的分化爲兩個階層，一是富裕的領主，他們有大量的奴隸及牲畜，二是貧窮的自由民。領主比之自由民，其占有的土地較大。

這個過程最初是自然發生的。當時的人均不會知道有了廣大的土地，便可以增加社會的權力及財富。我們綜觀歷史，也不能找出當時的人能夠知道這個道理的證據。關於此點，現且姑且不談，要之，當時自由民若能知道刼掠土地之事，不久將會降臨於自己身上，則當他們尚有力量之時，不難阻止大土地的私有。可惜沒有人注意及此。在這種狀況之下，土地是沒有價值的。因之，土地不是鬪爭的目標，也不是鬪爭的代價。到了農民束縛於土地之上，成爲勞動的基礎(Arbeitssubstrat)或勞動的動力(Arbeitsmoter)，而土地又與之結合，而後政治手段的目標即地租才可以發生出來。

但是世上若尚有無數未耕墾的土地，任誰都能得到他們自己所能耕或所願耕的土地，像空氣一樣，取之不盡，用之不竭，那又何必劃疆分界，辨別其屬於誰人。

依遊牧種族的慣例，大宗之長(Die Fursten der Stammhauser)比之一般自由民，可以得到較多的「土地與人民」。他們所以有此權利，因爲他們有許多徒附(Gefolge)，如半自由民，皂隸，被保護人（卽逃自異邦而要求保護的人）等，以從事戰爭。他們有族長（Patriarchen）、將軍（Felderren）及雇主（Soldherren）的首長權（Furstenrecht）。此種情況可使原始的土地財產發生不平等的現象。但問題尙不只此而已。首長比之自由民更需要「無人的土地」（Land ohne Leute），因爲首長所領率的，盡是皂隸奴婢等沒有能力的人，皂隸奴婢不能依一般民權，取得土地。但是他們沒有土地，又不能生存。所以他們主人必須占領土地，強迫他們工作。遊牧民首長愈富裕，他們愈容易變成大地主。

到了這個時候，財富及社會身分比之遊牧階段，更見永久的固定。肥胖的牲畜可以死亡，而土地卻不會毀滅。縱令首長不用刼掠之法，以增加奴隸人數，而奴隸亦會生育男女，把奴隸人數增加起來，固然此批奴隸只有義務，且又屢遭虐殺。

至是，財產便以此種貨財爲中心，加速的儲積起來。占領土地最初尙無流弊，不久之後，人們既知道多蓄奴隸，分配於未墾地之上，必能多得地租，由是封建國家的對外政策，不但以土地及人民爲目標，且又以沒有土地的人衆爲目標。此種人衆可以運回本國爲奴隸，而強制其勞動，徵收其地租。戰爭或侵略雖然是舉國爲之，而貴族所得戰利品必定最多。而且貴族又得領率徒附（Gefolge）獨自遠出刼掠。這個時候，留在鄉土的自由民當然不能分潤戰利品。因此，貴族的土地財產遂如繪一圓圈，而急速增加。貴族的奴隸愈多，則其所征收的地租亦愈多，地租愈多，則貴族愈能養蓄皂隸、逃亡人、懶惰的自由民以爲徒附；又利用徒附之力，捕獲奴隸，把奴隸束縛於土地之上，以增殖其地租。

這個過程在中央政權已經建立的地方，也可以進行無阻。依當時法律規定，中央政權雖有處分未墾地的權利，但是中央政府不但默認，有時且又明認貴族儘可侵占無主的土地，封建領主若是王室的忠臣，他儘可增大勢力，換句話說，他儘可增大戰鬪力。這對王室亦甚有利。不消說，領主的戰鬪力須受王室的指揮，而供王室驅策之用。此種關係存在於西歐封建國家，我們固所熟知。其得存在於完全不同的環境之下，我們可引用下列文句以證明之。「菲德西（Fidschi）的領主以戰爭爲其主要職務。戰爭得到勝利，則俘獲的奴隸可與土着奴隸一樣，受到土地的分配並負擔同一的義務（註九一）。

這樣一來，土地財產遂愈集中於土地貴族之手，而使高級的封建國家發展爲進化的封建國家（entfaltelen Feudalstaat），有其完整的封建等級（feudaler Staffelung）。

我在別的著作（註九二），分析日耳曼種族的領地之時，已經詳細探討這個因果關係的根源，且又反覆說明在全體發達過程之中，有其同一的主要路線。試以日本爲例，日本的住民與高加索人種根本不同，其經濟之技術的基礎亦與歐洲有別，即不是用犂耕（Pflugkultur），而是用鋤耕（Hackbau），但其封建制度的發展雖極微末之事，亦和世上各國相同——這足以反駁太過公式

註九一　Ratzel, I. c. I. p. 263.

註九二　Grossgrundeigentum und suziale Frage, 2 Buch. I. Kapitel. Berlin, 1898.

化的唯物史觀。

本書不是討論每個民族的運命，而是說明人性不論在什麼地方都是一樣。由於同一的人性引起國家的進化，其進化路線的特徵當然也是一樣。關於兩個進化的封建國家——西歐與日本——之事，衆所共知。現在只舉不大熟悉之例。即我所引用的，狹義的歷史資料少，民族學的資料多。

現在要敍述的，是原始封建國家的政治制度及社會組織逐漸變革的過程，即中央政府對於土地貴族，失去其政治權力。自由民降低其身分，隸屬民漸次上昇的過程。

第二節　原始封建國家的中央權力

遊牧種族的族長（Patriarch）軍事上是元帥（Heerführer），宗教上是主教（Priester），甚受人衆尊敬，而卻沒有任何專制權力。小民族定住於一地之後，其王的權力也微不足道。但若有人發揮軍事上的天才，糾合許多遊牧民，編爲一個強大的軍隊，則專制制度常可發生（註九三）。考之實際情況，凡戰事發生之時，荷馬（Homer）所說：「多數人的統治不是好東西，應該以一人之王統治多數人」，就爲最難治的民族所承認，而且已經實行。原始狩獵民愛好自由，戰時，乃

註九三　「凡作遊牧生活的，常由族長關係，發達爲專制權力，而專制權力行使的範圍又甚廣大」。(Ratzel, I. c. II. p. 388-389.)

無條件的服從其所選舉的酋長。烏克蘭的哥薩克人，平時不承認任何權威，戰事發生，卻把生死之權交給隊長（Hetman）。服從主帥是戰士共通的心理。

阿智拉（Atiila）、奧馬爾（Omar）、成吉斯汗、帖木兒、摩西利迦齊（Mosilikatse）、克奚瓦約（Ketschwäyo）等強有力的專制君主，無不領率遊牧民，遠征各地。凡強大的中央權力必發生於多數原始封建國家因戰爭而混合爲大國之時。我們可舉沙爾岡（Sargon），西洛斯（Cyrus）、克羅特維奚（Chlodwig）、喀爾大帝（Karl der Grosse）、波列斯羅赤王（Boleslaw der Rote）爲例。一個大國於地理方面，於社會方面，若未達到完成之域，中央權力常於數代之間爲強有力的君主所把持。而君主所行使的權力又常墜落爲最狂暴的專制主義及帝權神聖主義（Cäsarenwahnsiun）。二大河流兩岸及非洲皆有其最顯著的例。但是此種統治形式由統治發展史看來，沒有多大意義。故我不想多贅。玆宜說明的，專制政治的完成除統治者有軍隊指揮權之外，還要看他在宗教上的地位如何，以及他在商業上有沒有獨占權。

政教合一（Cäsaropapismus）可以造成極端的專制主義。反之，神權（die geistliche Gewalt）與俗權（die Weltliche Gewalt）分離，由於兩者互相牽制，可使權力之行使不會流於獨裁。印度洋羣島上馬來人國家就是其例。它們是純粹海國，其發生過程可與希臘的海國相比擬。馬來人的君長猶如雅典初期國王一樣，毫無權力。其部落酋長（在 Sulu，稱爲 Datto，在 Atschin 稱爲 Panglima）也和雅典一樣，有強大的權力。例如吐拔（Tobak），倘因宗教上的原因，統治者享有具體而微的教皇地位，則局勢完全不同。Panglima 不過一種官吏，而隸屬於 Radscha(註九四)。關此，我們可以想到下列事件。雅典及羅馬的部落酋長，推翻王位，而國王之尊號仍然保存。上帝要依傳統儀式，接受太牢的供獻，所以舊王子孫雖然實權已經轉移於武將之手，而尚能維持毫無實權的尊號。在麥羅溫格王國（Merowingerreich）末期，除麥羅威斯（Merowechs）家的「尸位國王」（rex crinitus）之外，尚有迦羅稜格家的家令（karolingische Hausmeier）掌握實權。在日本，天皇之外，尚有將軍秉執朝政；在印喀（Inka）王國，軍隊總司令(Inkaheer-üfhrer) 獨攬大權，而 Huillcauma 只司祭祀之事(註九五)。

國家元首的權力，除利用最高僧徒的地位之外，尚可依商業的獨占，大大增加。獨占商業，在原始社會，大率是酋長之權，開始於主賓餽贈，而爲和平交換贈品的結果。梭羅摩（Solomo）就有這個權利(註九六)。

黑人酋長大率都是包辦商業的人(註九七)。蘇魯（Sulu）國王亦然(註九八)。在加拉（Galla），

註九四 Ratzel, I. c. I. p. 408.

*原著者謂埃及亦有同一事例，亞門可忒布第四（Amenkotep IV）不過尸位而已。哈倫赫布家（Hare-mheb）的家令（Hausmeier）實掌握最高軍事權及行政權。後來便爲國家的攝政(Reichsverweser)，見 Schneider, Kultur u. Denken der alten Ägypter, Leipzig. 1907. p. 22.

註九五 Cunow, I. c. p. 66-67.

註九六 Buhl, I. c. p. 17.

註九七 Ratzel, I. c. II. p. 66.

註九八　Ratzel, I. c. II. p. 118.

人衆若承認首領（Oberhaupt）的權力，則「他可壟斷部落的商業，而禁止臣民直接與外國人貿易」（註九九）。在巴洛齊（Barotse）及馬逢達（Mabunda），國王「依法律規定，是國家唯一的商人」（註一〇〇）。

拉則爾（Ratzel）對此有適當的批評：「商業的獨占若和符咒的魔術結合，可以增加酋長的權力。酋長是商業的居間人（Vermittler），臣民所需要的貨物，皆爲酋長所壟斷，他可以成爲貨物的佈施者，而滿足人衆的慾望。在這個制度之下，當然可以掌握大權」（註一〇一）。在被征服領土之內，統治已經強有力，若再加以商業上的獨占，則君主權力之強大可想而知。

在專制政治極端施行之處，君主未必均有絕對權（Absolutismus）。統治者固然可以虐待臣民尤其被征服的階級，毫無忌憚，但他卻不能不受封建領主的掣肘。拉則爾（Ratzel）說：「非洲及古代美洲君主的「宮廷國家」（Hofstaat），其實只是會議機關（Rat）……在低級的民族中，縱令統治形式採用共和政體，而我們到處尚可以看到無拘無束的管轄。這個毫無拘束的管轄所以發生，不是因爲國家或酋長的權力甚大，而是因爲個人道德上有其弱點。卽個人對於權力只

註九九　Ratzel, I. c. II. p. 167.
註一〇〇　Ratzel, I. c. II. p. 218.
註一〇一　Ratzel, I. c. I. p. 125.

有屈服，不敢反抗（註一〇二）。蘇魯（Sulu）的王權只是微不足道的專制主義，強有力的宰相（Induma）協助國王，統治人民及領主。此外，在卡菲(Kaffer)種族，則有一個樞密院(Rat)，行使這個權限（註一〇三）。固然如此，而在察卡（Tschaka）統治之下，凡人於專制君主之前，一噴嚏，一咳嗽，或皇族死亡，不揮涕淚，皆處死刑」（註一〇四）。非洲西部的達荷美（Dahomey）王國及亞散底（Archanti）王國是以暴虐無道，聞名於世的，也有同一事例。生命因戰爭而遭屠殺，又有奴隸販賣及人頭供祭之事，而卻沒有絕對的專制主義……鮑底希（Bowditch）告訴我們：「亞散底（Aschanti）的身分制度與赫羅多特（Herodot）所述波斯制度有相同之點」（註一〇五）。

我們不厭反覆說明：專制主義（Despotismus）與絕對主義（Absolutismus）不可混爲一談。西歐封建國家的統治者行使生殺與奪之權，雖然不受限制。但「地方大領主」（Grossen）若起來反抗，他的權力便等於零。只要統治者沒有干涉階級制度，雖然暴虐無道，人衆亦可忍受，有時統治者且得誅戮一位大領主以示威。但若干涉領主的經濟特權，則大禍立卽降臨。統治者的權

註一〇二　Ratzel, I. c. I. p. 124.

註一〇三　Ratzel, I. c. I. p. 118.

註一〇四　Ratzel, I. c. I. p. 125.

註一〇五　Ratzel, I. c. I. p. 346.

力一方（法律上）完全自由，他方（政治上）又受限制。我們觀察非洲東部各國，就可知道。「在理論上，瓦甘達（Waganda）及宛若洛（Wanyoro）兩國元首有統治全部領土之權，然而這只是一個形式；事實上，領土乃隸屬於國內最有力的酋長。在麥忑沙（Mtesas）時代，鼓動民衆反抗外國勢力的是他們。木安加（Muanga）欲行新政，因懼他們阻止，只有作罷。王權事實上須受限制，而形式上乃巍巍乎在上，不可侵犯。統治者對其臣民，有生殺予奪之權，同時又只能與宮廷的顯宦交際」（註一〇六）。

以上所言可以適用於大洋洲人（Ozeanier）。「君主與臣民之間沒有一處沒有中間的代表……貴族主義……矯正族長主義的缺點……所以巍巍在上的專制主義不是立脚於個人極端的權力意志之上，而是立脚於階級與身分的壓制之上（註一〇七）。

第三節　原始封建國家之政治的及社會的分裂

原始封建國家的統治形式常混合族長的、貴族的、財閥的各種因素，以致民族學的、歷史學的，以及法律學的各種研究，不能有所闡明。現在不擬詳細討論，因爲這對於國家的發達過程，沒有什麼意義。

註一〇六　Ratzel, I. c. II. p. 245.
註一〇七　Ratzel, I. c. I. p. 267-268.

最初，統治者的權力不問如何強大，不久之後，權力常至分裂，這是必然的運命，無法避免。我們可以說，權力愈大，換言之，高級的原始封建國家領土愈大，則其分裂愈速。

每位貴族依前節所述，可以利用俘獲的奴隸，占領未開墾的土地，而殖民於其上，終則權力增大，馴致阻害了中央權力的行使。孟森（Mommsen）關於刻爾特人（Kelten）（註一〇八）有所說明，「一個種族若有戰士八萬人，其中有一貴族，除臣民及債務人外，若有奴隸萬人，則他出席種族會議（Landtage），已經不是種族內一介市民，而是一個獨立的國王（Dynast）了。索馬爾（Somal）的亥烏人（Heiu）也是一樣。此處「大地主每把數百戶家族束縛於土地之上。索馬爾狀態令人回想到中世封建時代的情形」（註一〇九）。

領主的優越權固然發生於低級的原始封建國家，而其發達成熟則在於高級的封建國家，即大封建國家。領主依其職權，漸次強大，其所占領的土地，又依權力而擴張。

國境愈擴大，中央政府對於邊疆大吏（Verwalter），不能不授以較大的權力，令其應付國際戰爭及邊民叛亂*。因之，邊疆大吏就掌握了最高軍事權及最高行政權，以保護其區域的安全。

註一〇八　Mommsen, l. c. Bd. III. p. 234-235.

註一〇九　Ratzel, l. c. II. p. 167.

*譯者案，周成王時，「管蔡作亂，淮夷畔周，乃使召康公命太公曰，東至海、西至河，南至穆陵，北至無棣，五侯九伯實得征之。齊由此得征伐，爲大國」（史記卷三十二齊太公世家，參閱左僖四年）。卽其例也。

邊疆之地只需要少數文官，而卻需要多數軍隊。如何供給軍隊的糧餉？全國租稅先集中於中央政府，而後再由中央政府分配於地方，這惟在貨幣經濟發達的國家，才會知道（有一個例外，當於後文述之）。而在自然經濟的陸國，既無貨幣經濟，自不能用貨幣征收租稅。於是中央政府只有放任方伯（Graf）守將（Kastellen）郡守（Satrap）自由處理其所徵收的現物。此輩官員由臣民徵收現物，決定徭役，卽捐款及罰鍰也是用牲畜以代貨幣。他們利用此類收入，以作軍餉，訓練一批兵士，供給中央調遣＊＊。至如建築道路，架設橋樑，招待欽差大臣（Königsbote）也無一不由此種收入開銷。最後才籌備貢賦，供獻於朝廷。貢賦皆爲高價的貨物。否則，亦係容易運輸的貨物，如牛馬、奴隸、金銀、美酒之類。

此種官員皆有廣大的采邑（Dienstlehen），他們縱令不是地方的豪強——大約是地方的豪強——亦必是地方最有力的領主（Grundherr）。此輩領主爲增強自己的軍事勢力，必與其他領主一樣的行動，卽以新得的奴隸占領未得的領土。這本來是中央政府希望他們如此做的，甚且鼓勵他們如此做的。然其結果，地方勢力增大了，而至於併呑中央權力，這可以視爲此種國家的運命。

＊＊譯者案，孟子梁惠王上，「百乘之家」，趙岐注云：「百乘之家謂大國之卿食采邑，有兵車百乘之賦者也」。左傳昭公十六年，子產謂「孔張子孔之後也，執政之嗣也。有祿於國，有賦於軍」。杜預注有祿於國云：「受祿邑」。注有賦於軍云：「軍出，卿賦百乘」。此卽采邑提供軍事上協助之證，采邑如此，諸侯對於天子，更不必說。

每次中央要求地方勤王，每次中央發生王位繼承戰爭，邊疆方伯就有提出條件的機會。他們在此時期可要求各種權利，尤其是要求采邑的世襲權，使采邑成爲眞正的封建領土（Feudallehen）。從此而後，他們漸漸脫離中央而獨立，「天高皇帝遠」(der Himmel ist hoch und der Zar weit)，這是俄國農民之言。其實，天下各地何莫不然。試舉非洲的例，「龍達」（Lunda）王國是澈底的封建國家。各酋長（Muata, Mona, Muene）只要不逆元后（Muata Jamvo）的意旨，則關於一切政務，均得獨立處理。遠方酋長每年派遣朝貢隊（Tributkarawane）到木松巴（Mussumba）一次。距離較遠的，尙得長期間不納貢賦。反之，隣近酋長之無勢力的，一年須納貢數次（註一一〇）。

自然國家（Naturalstaat）交通不便，組織鬆懈，地理上的離隔對於政治有如何重要作用，只看上文所言，就可明白。封建領主（Feudalherr）距離首都愈遠，則其獨立性愈大。皇室須出高價，購買他們的勞務。國家的主權形式上常一一讓給他們。縱令不肯讓與主權，而在領主橫取采邑世襲權、道路及商業的獨占權（比較進化的階段，尙加一個貨幣鑄造權）、審判權、收稅權、徵兵權之後，亦不能不默認他們的勢力。

封建的宗主權(Lehnshoheit)雖然長期間內，表面上能夠羈縻此輩新興的侯領（Fürstentum）。其實，邊疆大吏漸次強大，終則事實上必達到完全獨立之域。關此，讀者必能想到許多例子。全

註一一〇　Ratzel, l. c. II. p. 229.

部中世史不過表示此種過程的一幕。豈但麥羅溫格（Merowinger）及迦羅稜格（Karolinger）王國如此。就是法蘭西、意大利、西班牙、波蘭、波希米亞（Böhmen）、匈奴牙，以及日本中國（註一一一）皆曾數次經過這個分裂過程。兩大河岸（Zweistromland）的封建國家亦然。此地許多大國更興迭仆，忽而分裂，旋又統一。關於波斯，歷史告訴我們：「每個國家及每個省區（Proving）常利用叛亂，威脅中央，而得保其獨立。蘇沙（Susa）的元后（Grosskönig）未必有權力壓服它們。在其他地方，牧守（Satrap），都督（kriegerische Häuptling）常成爲地方的君主，只負朝貢的義務，或成爲元后之下的諸侯（Unterkönig），任意施行不忠不義的暴政。總之，波斯的世界帝國不過集合許多國家及許多領土而成，沒有共同的法律，沒有統一的行政，沒有一致的司法制度，既無組織，又無立法之力，遂至自己瓦解而不可挽救（註一一二）。

尼羅河沿岸各國亦踏上同一滅亡之路。那些封固荒地的家族（Okkupatorenfamilien），卽自由地主（freie Grundherr）只向天子朝貢。他們在一定領域或部落……成爲發號施令的君王。此種部落君主（Gaufürst）除他們家族的田產之外，又統治特殊的管轄地（Amtsland）。

「其後，在埃及的古代帝國與中世帝國之間發生了戰事。戰爭得來的俘虜輸入國內，而使用爲勞動力，其結果又引起一種現象，卽嚴酷的侵削臣民，並確立租稅制度。到了中世帝國成立之

註一一一　Ratzel, I. c. I. p. 128.

註一一二　Webers Weltgeschichte, Bd. III. p. 163.

時，部落君主的權力非常擴大，他們有廣大的宮廷，可與皇宮的富麗比擬（註一一三）。在帝權沒落之際，高官巨吏又爲私人利益，行使職權，使其家族能夠代代世襲官位」（註一一四）。

這個歷史的法則並不是單單適用於「歷史的」（geschichtlichen）民族。拉則爾（Ratzel）關於印度的封建國家，說道：「除拉德西斯坦（Radschistan）之外，貴族享有獨立的地位，所以尼贊人（Nizam）雖然得到獨裁權，而烏厖拉人（Umara）或拉波布斯人（Nabobs）於海岱拉巴德（Haiderabad）之地，尚有其自己獨立的軍隊，遂不受尼贊人的要求。此等小君主比之大君主，縱在近代，尚不太服從印度國家的行政命令（註一一五）。

非洲的封建國家更是興亡無常，猶如河流之上浮一泡珠，忽然發生，旋又消滅。強有力的亞撒底（Aschanti）王國，於一世紀又半之內，只保存其領土五分之一（註一一六）。其他王國之與葡萄牙衝突的，皆相繼滅亡，不留殘迹。然而尚有強大的封建國家存在於其間。「黑人國家，例如本稜（Benin）、達荷麥（Dahomey）、亞撒底（Archanti）都很繁榮，而乃暴虐無道，其四周有政治上毫無組織的種族，甚似古代秘魯及墨西哥。羅安果（Loango）一方有世襲貴族專管地方

註一一三　Thurnwald, I. c. p. 702-703.

註一一四　Thurnwald, I. c. p. 712. 參閱 Schneider, Kultur und Denken der alten Ägypter, Leizig, 1907. p. 38.

註一一五　Ratzel, I. c. II. p. 599.

註一一六　Ratzel, II. p. 362.

行政，稱爲姆福姆（Mfumu），他方又有忽興忽滅的貴族。此兩者都屬於統治階級（註一一七）。

國家一度強盛，終至於法制上或事實上分裂爲許多獨立的小國，不久，從前過程又復從新開始，大國併吞小國，而成立一個新的帝國。邁曾（Meitzen）關於德國，說道：「最大的地主就是後來的皇帝」。但皇帝須將土地賜其功臣，這樣一來，帝國又分裂了。舒來德（Schneider, I. c. p. 38.）關於埃及第六代王朝，說道：「國王把其全部領土分封了，三角洲上廣大土地都分封了」。法國的麥羅溫格（Merowinger）及迦羅棱格（Karolinger）兩個王朝（註一一八），德國的沙克森（Sachsen）及斯道菲爾（Stoufer）兩個王朝都是這樣衰亡的（註一一九）。我不想再舉實例，因爲實例太多，誰都會舉。

結合與分裂，循環不已，這個魔術的環（Hexenkreis）會產生何種力量，把封建國家解放出來呢？我們考察其政治方面之歷史發展過程之後，尚須考察其社會方面之歷史發展過程。這個過程可使階層制度發生激烈變化。

自由民是統治羣的下層，受了大勢力的打擊，也淪落於隸屬於地位。他們的衰落必然的引起中央權力的衰落。自由民與中央權力同受大領主日漸擴大的勢力的威脅，兩者（自由民與天子）

註一一七　Ratzel, II. p. 344.

註一一八　Meitzen, I. c. II. p. 633

註一一九　Inama-Sternegg, I. c. I. p. 140-141.

聯合起來，可以說是勢之必然。天子能夠控制領主，乃在於天子於各地自由民中所召集的軍隊比之領主的拱衞軍（Garde），即比之領主的徒附尙占優勢之時。但前已說過，必然的運命常強制天子將其農民授與土地貴族（Junker），而增加土地貴族的勢力。土地貴族的拱衞軍一旦比君主的軍隊強大，則自由農民便不能存在。國家主權若委託領主行使，換言之，領主若已發達爲獨立的國君（Landesherr），必利用法律，壓迫自由農民。自由農民負擔過度的兵役，勢非沒落不可。國君對於天子要求新土地及新人民之念愈殷，則其徵召農民從軍之事必日益頻繁。農民困於徭役，而司法不能公正，又供爲國君魚肉農民的工具，試問農民何以爲生。

到了領主成爲國君，而國君事實上又侵占無主土地的處分權，或形式上代行天子的權力之時，自由民的地位必受最後的打擊。無主土地本來是屬於人民的，即供給自由民共同使用。依原始的習慣，其處分權乃屬於族長，現在又依習慣，與其他天子的權力一同移屬於國君，於是國君便有操縱自由民生活之權*。國君宣告未墾地爲自己的財產，禁止自由民使用，只許那些承認國

*譯者案，周時，園囿及山陵最初均開放給農民採樵放牧之用，孟子對齊宣王說：「文王之囿方七十里，芻蕘者往焉，雉兎者往焉，與民共之」（孟子梁惠王下）。到了春秋戰國，領主就禁止農民利用園囿及山陵。魯莊公二十八年冬築微（築之爲邑，名微），魯成公十八年築鹿囿（築墻爲鹿之苑），穀梁傳均云：「山林藪澤之利所以與民共也。虞之非正也」。何謂虞？范甯解釋云：「虞典禽獸之官，言規固而築之，又置官司以守之，是不與民共利也」（穀梁傳莊公二十八年）。豈但虞之而已，並且「殺其麋鹿者如殺人之罪」（孟子梁惠王下）。

君統治權的人均沾其利益，卽只許隸屬於國君之下的人均沾其利益。

對於一般自由，這是最後的打擊。在此以前，財產的平等於某程度內尚有保障，比方農民有子十二人，他的遺產並不分散。因爲其中十一人可從鄉村共有地，或於尚未分配於各鄉村的公有地上，開墾新地以爲己有。現在則不能了。一家之內若有多數子女。則土地必須分割，長子或長女結婚，兩家土地也許可以合併，這是少有的事。自是而後，農民的土地二分、四分、八分，大農變爲小農，而須受雇於大地主，耕作別人的土地。自由的鄉村分裂爲貧農與富農，過去結合鄉民之線索，現在已經寸斷了。鄉民受了生活的壓迫，不能不投靠於地主，而地主又乘農家死亡或農民負債逃荒之際侵占其地，而令自己的農奴耕耘。這樣，不自由的空氣遂彌漫於一村之內，終則社會瓦解。農民因階級衝突及財產差別，愈益分裂，不能不聽受領主的命令。

縱令領主不能竊取國家的主權，其結果還是一樣。這個時候，公開的暴力與無恥的犯法，也可以達到篡取主權的目的。皇室遠在千里之外，而又微弱無力，自當坐聽此輩違犯法紀的人爲所欲爲，既無干涉之力，又不能加以干涉。

關於此事，似無引用證據的必要。德國的自由農民備嘗土地徵收及階級分裂之苦，至少必有三次：第一次在刻爾特人（Kelen）時代（註一二〇）。第二次在九世紀與十世紀德意志自由農民瀕於毀滅境況的時代。第三次悲劇是在十五世紀以後，發生於斯拉夫人爲領主的殖民地時代

註一二〇 Mommsen, I. c. V. p. 84.

（註一二二）。皇室權威若已式微，此種悲劇將更悽慘的侵襲農民身上。何以故呢？皇室與人民之間尚有利害聯帶關係。此種關係不論在什麼地方，尤其在「貴族的共和國」（Adelsrepubliken），至少可以減輕壓迫的形式。凱撒時代迦利亞（Gallien）地方的刻爾特人（Kelten）是最古的一個例子。「在迦利亞，經濟權、軍事權及政治權均集中於豪門巨室。他們獨占各種使用權及收益權，一般自由民受了賦稅的壓迫，只有向豪門巨室借債，最初是事實上的債務人，其後法律上變成農奴，不能不拋棄一切自由。豪門巨室又制定服從關係，創造貴族特權，養蓄一羣傭兵（叫做Ambakten），遂於國家之內成立了一個國家。他們有兵力爲後盾，自可反抗立法機關，甚至反抗自由民的軍隊，於是過去的鄉黨組織（Gemeinwesen）完全破壞……只唯隸屬民（der horige Mann）才受領主的保護。凡有侵害隸屬民的，領主必予以報復，這是領主的義務，也是領主的權利。國家既然沒有能力保護自由民，因之自由民就變爲皂隸，而投靠於豪門巨室」（註一二三）。此後一世紀又半，吾人於庫爾蘭（Kurland）、理布蘭（Livland）、瑞典的傍麥綸（Pommern）、東荷爾斯坦（Ort-Holstein）、麥克倫堡（Mecklenburg），尤其是波蘭，又發見同一事件。在德國，自由農民隸屬於土地貴族（Landjunker）。同樣，在波蘭，優雅而自由的舒拉哈吉希人

註一二二　參閱原著作人的 die ausführliche Darstellung in meinem “Grassgrund deigentum u. soz, Frage”, Buch II. Kap. 3.

註一二三　Mommsen, I. c. III. p. 234-235.

(Schlachziz)亦隸屬於土地貴族。拉則爾（Ratzel）曾經說過：「世界史是單調的」（Die Weltgeschichte ist eintönig）。古代埃及的農民已經受到同一過程的壓迫。「戰亂時代以後，繼之以中世王國時代，南方農民的地位愈益降低，自由領主的人數固然減少，而其領地及權力乃大見增加。農民的貢賦是以精確的財產價值爲標準，嚴格規定於土地帳簿（Kataster）之上。多數的農民不能忍受此種壓迫，乃流入莊園或都市，成爲皂隸、手藝匠，其中也有幸運的人任命爲官吏，而編入莊園的經濟組織之中。此輩又與當時的戰爭俘虜結合，協助諸侯擴張領地，放逐農民於其耕地之外，這是當時普遍現象（註一一三）。

最能表示這個過程之必然性的，莫如羅馬帝國。羅馬帝國發見於歷史舞臺之時，已經忘記隸屬觀念（der Begriff der Hörigkeit），而只有奴隸制度（Sklaverei）。但是一世紀又半之後，自由農民又陷入經濟的隸屬地位。到了羅馬過渡膨脹，成爲尾大不掉的大國，邊疆領土便步步脫離中央而獨立。大地主在其領地之上，既有少許審判權及警察行政權，便「把自己的佃農（Hintersassen）——他們本來是自由農民，有其自己的土地——放在宮廷法律所規定的控制之內，更設置一種免稅制度，於是隸屬於土地的農奴因之發生」（註一一四）。移動的日耳曼人復把這個封建制度輸入迦利亞（Gallien）及其他地方。在此地方，奴隸及自由殖民（freie Kolonen）本來有

註一一三　Thurnwald, I. c. p. 771.

註一一四　Meitzen, I. c. I. p. 362f.

嚴格的差別，不久，先於經濟方面，次於法律方面，漸次消滅其差別。

自由民於政治方面、經濟方面，均須服從領主，而淪落於隸屬的地位了。同時，從前被壓迫階級又漸次抬起頭來。兩者相向而走，中途相遇，終則互相混和＊。剛才所述羅馬自由移住民與農業奴隸之事，到處都是一樣。在德國，自由民也和過去的奴隸混和，經濟上及法律上成爲統一的「土著農奴」（Grundhold）（註一二五）。

隸屬民（Untertanen）——爲簡單起見，以下均稱之爲平民（Plebs）——的抬頭與自由民的沒落，發生了同樣結果。這個結果乃發生於國家組織的根本基礎之中，卽因爲土地財產日益集中於少數人而發生的。

平民（Plebs）是中央權力的天然敵人，因爲中央權力是征服他們而又徵收他們的租稅的。

＊譯者案，此事於吾國春秋之末，卽已有之。一方平民中的殷戶子弟多求學於四方。孔門四科，受業身通者七十七人。鬼谷門下有蘇秦及張儀。荀卿門下有韓非及李斯。他們或徒步而爲相，或白身而爲將，如孫武吳起范雎李斯等是。他方貴族降爲皁隸的亦不少。「三后之姓，於今爲庶」。杜預注云「三代子孫自有爲國君者，言其賤者爲庶人也」（左昭三十二年）。「欒郤胥原狐續慶伯降在皁隸」。杜預注云：「八姓晉舊臣之族也，皁隸賤官」（左昭三年）。此後士人多出身於此輩。到了戰國，士人加多，遂提出「賢者在位，能者在職」的口號，攻擊貴族之把持政權，終則秦漢大一統國家的官僚政治遂見發生。

註一二五　Inama-Sternegg, I. c. I. p. 373, 386.

他們又是自由民（Gemeinfreie）的天然敵人，因爲他們常受後者的輕視，經濟上受其壓迫，政治上又受其壓制。大領主（der grosse Magnat）＊也是中央權力的天然敵人。因爲中央權力是妨害他們建立獨立國家的障礙。他們又是自由民的天然敵人，因爲自由民不但擁護中央權力，而且其私有土地又可以阻止大領主之擴大領地；同時自由民又要求權利平等，而損害大領主的尊嚴。地方君主（譯者案地方君主卽大領主，亦卽諸侯而稱爲君國）（Landerfürst）與平民（Plebs，非自由民）於政治方面、社會方面，利害既然一致，他們兩者遂能互相提携。凡地方君主與皇室（Krone，如吾國之天子）及其與自由民（自由民是擁護天子的）鬬爭之際，須有親信的戰士及順從的納稅人，才會得到完全的獨立。平民須能夠打倒驕傲的自由民，而後政治上及經濟上，才會解放其卑賤的地位。

我們於此又看到了國君（卽大領主）與其隸屬民（卽平民）的聯帶關係。這個聯帶關係我們在說明國家發生的第二階段之時，已經暗示過了。這個聯帶可以促使半主權的君主（Halbfürst，卽諸侯，亦卽國君）一方優待其隸屬的佃農，他方虐待其領內自由民。如是，隸屬的佃農遂更願意服從國君，而繳納租稅。反之，被壓迫的自由民當他們的自由權跟着中央權力的沒落，變成有名無實之時，更只有屈服於國君（地方諸侯）的壓迫之下。國君有時特別派遣「溫和的」軍隊，招撫隣近的隸民，移住於自己的領土，用此以減少敵人的勢力，並增加自己的兵力及財力——這個事情

＊譯者案，大領主後來多成爲諸侯，卽國君。

在十世紀末期的德意志確已實行過了（註一二六）。這樣一來，平民（即隸屬民）形式上及事實上遂得到更多的權利、更確實的所有權，終則地方君主（即諸侯，亦即國君）關於鄉村事件，又得到自治權及獨立的審判權。自由民的地位降低，平民的地位跟着上昇，兩者中途相遇，遂於法律上經濟上融合爲同一階層。他們一半是奴僕（Horige），一半是國家的臣民（Staatsuntertan），而爲公權與私權沒有明顯區別的封建國家的特徵。平民與自由民融合爲一，是自然產生的現象，都是供爲國家保護「經濟的私權」的工具。

第四節　種族的融合

沒落的自由民與上昇的平民在法律上及經濟上融合爲一，又可以引起種族上的融合。最初，隸屬民不能與自由民通婚及交際，現在這個禁令完全取消。在鄉村，決定社會上階層關係的，不是統治者的血統，而是財富之力。遊牧武士（Hinterkrieger）的血統子孫且有受雇於農奴（此時已上昇爲平民）後裔，而爲其佃戶。於是所謂臣民（Untertanen）遂包括兩個部分的人，一是過去統治者子孫一部分，二是過去隸屬民子孫一部分。

隸屬民子孫一部分成爲臣民，其餘一部分呢？他們一部分與統治者子孫融合，另成爲一個社會階層。不但平民中一部分上昇，而取得自由民降低的地位，並且另一部分還會再進一步，完全

註一二六　參閱原著作人的 Grossgrundeigentum, p. 272.

加入統治階級之中。這個統治階級人數雖少，而地位卻甚高。

這也是世界史上普遍的過程。因爲到處都有此種現象，以同等的強制力，由封建統治制度（die feudale Herrschaftsordnung）的條件發生出來。貴族中最高集團不論其把持中央權力或把持地方權力，一登君位，就須於其同僚貴族之外，任用那些容易管束的人＊。貴族最高集團是代表一個階級，君主要提高自己地位，必須抑制他們——提高自己的地位是一切君主所希望，而又是不能不希望的。因爲爭取權力就是爭取生存。但是君主爭取權力又常爲頑固的宗室或貴族所反對。＊＊因此，我們在一切宮廷中，上自強大的封建國家的君主，下至地域經濟的主人，都可以發見，除統治者派其代表——此種代表名爲官吏，實則爲「帝王的監視人」（Ephor）——分掌君主的權力之外，尚有許多身分不明而爲君主所親信的官吏。關此，我們可以想到殷都納（Induna）的班都王（Bantukönig）的宮廷。君主不信任那傲慢的大僚，而信任他們自己的近臣。這是當然的事，

＊譯者案，吾國古代皇帝皆不信任外朝官的大臣，而信任內朝官的近臣。到了近臣變爲大臣之後，皇帝又信任其他近臣，如丞相、如尚書、如中書、如門下、如翰林學士、如軍機大臣，無一不是由近臣，由小臣演變爲朝廷大臣的。

＊＊譯者案，秦孝公用商鞅，商鞅變法，以軍功定爵位之高低，「宗室貴族多怨望者」。及孝公薨，宗室外戚即處商君以死刑。吳起相楚悼王，「廢公族疏者，以撫養戰鬥之士」「楚貴戚盡欲害吳起。」及悼王薨，宗室大臣作亂，而攻吳起，射殺之。

何以故呢？近臣的地位與君主的地位不可分離，君主滅亡，他們亦必滅亡。

關此，引用歷史上的事例，實是多餘的事。誰都知道，西歐封建國家的宮廷，除皇親國戚及幾位貴族大臣之外，尚有若干寒士，如平民出身的僧徒、武將，皆擢居高位。喀爾大帝（Karl der Grosse）常任用國內一切種族及民族的代表爲侍從。蒂特利希（Dietrich）的故事，也曾描寫被統治民族的勇敢子孫，依上述方法，奮身登上高位。我現在再舉數個世人不大熟悉的事。

在巴拉奧蓮（Pharaonenland）之地，古代國家既有國家官吏，出身於封建貴族，而爲遊牧民的子孫——他們有牧守之權限，爲國王的代表，管轄一定地區——又有宮廷官吏，國王常委以一定統治權。「此種官吏多出身於宮廷中的奴僕——多係俘虜、逃亡人等」（註一二七）——此外如約瑟的故事（Josefssage）也告訴我們，奴隸昇爲大臣乃是當時的普遍現象，不足爲奇。此種事實到了今日，尚存在於波斯、土耳其、摩洛哥等東方宮廷之中。老忒爾佛林格（Der alter Derfflinger）亦於比較晚近時代，卽於進化的封建國家過渡爲身分國家（Ständestaat）的階段，提供一例，證明無數長於武術的人侍從君側。

再於史前時代，舉出二三事例。拉則爾（Ratzel）關於保爾魯（Bornu）王國，說道：「自由民對於酋長的奴隸，尚未失掉我是自由民子孫的意識。但是統治者卻不信任皇親國戚及其同種

註一二七　Thurnwald, I. c. I. p. 706.

的自由民，而乃信任奴隸，以爲奴隸是靠得住的。不但宮中之事，就是捍衞領土之責，自昔也交給其所選拔的奴隸。君主的兄弟*以及能力較強，野心較大的皇子均遭猜忌。宮中最重要的戰事均交給奴隸處理；宗室子弟則派往遠方，管理事務。地方官的薪俸以地方的稅收充之（註一二八）。

福爾伯人（Fulbe）的「社會，分裂爲君主、酋長、庶民及奴隸。君主的奴隸或爲兵卒、或爲官吏，均發揮重要的作用。君主且許他們昇於國家的最高地位」（註一二九）。

此種宮廷貴族（Hofadel）有時且得爲國家的官吏，於是他們就有成爲領主的可能。從此以後，他們在進步的封建國家之內，就成爲代表高級貴族的人。縱令國家爲隣國所滅，他們尚保有其貴族稱號。佛蘭克高級貴族確有出身於下層階級的人（註一三〇）。歐洲文明各國的高級貴族常互相通婚，我們由此又可以知道統治階級的最高部分也和隸屬民一樣，有了種族的融合。埃及也是一樣，「在其末期帝權沒落之時，高級官吏常濫用權力以謀自己的利益。他們的官職由其家族世襲之，於是就發生一種「官僚貴族」（Beamtenadel）。這個官僚貴族由種族之點觀之，乃與

*譯者案，漢制，宗室不得典三河，因爲三河接近王畿。漢武帝崩時，令金日磾與霍光同受遺詔輔政。日磾爲匈奴休屠王太子，休屠王兵敗，日磾沒入官，輸黃門養馬。唐代皇帝常派宦官監軍，亦其例也。

註一二八 Ratzel, I. c. II. p. 503.

註一二九 Ratzel, I. c. II. p. 518.

註一三〇 Meitzen, I. c. I. p. 579.

註一三一 Thurnwald, I. c. p. 712.

其他貴族沒有差別」（註一三一）。

最後要加一言的，同一過程依同一原因又得適用於現今中間階級（Mittelklasse），如統治階級的下層分子、大領主、官吏、將校等是。大領主派其「自由陪臣」（die freien Vasallen）於采地（Unterlehen），最初他們的社會地位尚有差別，其中有大領主的親族，有世家的青年子弟，有貧窮的同僚，有自由農民的子孫，有自由的逃亡人，有自由的職業軍人，有平民出身的下級武官。後來，不自由的天天上昇，自由的反降低其社會地位。君主信任其徒附，例如宮中臣僚等輩，又比較其信任同僚貴族爲殷。不自由的受到君主的信任，自由的反被冷落，其結果，兩者的融合過程，遲早必見實現。德國於一〇八五年以前，那批由隸屬民出身的宮廷貴族，其地位還在 servi（普通農奴）與 litones（有某種特權的農奴）之間，百年之後，自由民乃加入貴族之中（註一三二）。及至十三世紀，宮廷貴族又完全與自由陪臣（die freien Vasallität）融合，變成騎士貴族（ritterschaftlichen Adel），其經濟地位與騎士貴族平等。兩者都有從軍的義務，其代價則爲采地與職田（Dienstlehen）之頒發。宮廷的貴族及職官，他們的職田是和自由陪臣的職田一樣，曾無幾時，變爲世襲。其狀與小領主的世襲財產相似；此輩小領主均出身於過去貴族，其財產未被地方諸侯所併吞，故能保有其獨立的地位。

一切西歐封建國家都有同樣的發達過程，其可與這個過程正確比較的，則爲亞洲極東的日

註一三二　Inama-Sternegg, I. c. II. p. 61.

本。日本有「大名」(Daimio)，是高級貴族；又有武士(Samurai)，是騎士階級，亦卽武士貴族(Schwertadel)。

第五節　發達的封建國家

封建國家到了這個階段，已臻完成之域。它在政治方面，社會方面，造成一個多層的位階制度(Hierarchie)，下層階級對其直接上層，有納稅服役的義務。上層階級對其直接下層，有保護義務。這個金字塔是以勞動大衆爲基礎，其中大部分則爲農民。農民勞動的剩餘，卽所謂地租，亦卽經濟手段所產生的剩餘物全部須奉獻於上層階級，維持其生活。土地若非諸侯或皇帝直接領有，則地租當交給采邑領主(Lehensträger)。采邑領主得到地租，則依契約，有召集軍隊的義務，有時尙須提供經濟上的義務。較大的采邑領主對於諸侯亦負義務。諸侯至少形式上(法律上)對中央政府，也負同一義務。而帝、王、蘇丹(Sultan，土其耳王之稱號)、沙(Schah，波斯王之稱號)、巴拉奧(Pharao，埃及王之稱號)又視爲種族神的奴僕(Vasall des Stammgottes)。這樣，下自地上負擔一切義務而又養活一切人命的農民，上至「天國之王」(Himmelskönig)，乃有一個編制極技巧的階層組織，控制國家全部生活。沒有一片土，沒有一個人，在習慣上或法律上能夠逃出這個組織之外*。倘若有人不在封建領土之內生活，其原因必是自由民原有的法律

*吾國在周代有「率天之下莫非王土，率土之濱莫非王臣」之言，這也是封建社會的法律形式。

已經消滅，或地方君主得到勝利，以該法律不便於己，而取消之。舊法律既已消滅，他們遂和飛鳥一樣，成爲自由的人。但是此種人不受保護，也無權利。換句話說，沒有任何力量——只唯力量才會產生權利——所謂「一尺之地莫不有主」（nulle terre sans seigneur），乍看之下，甚似土地貴族的豪語，其實不過表示封建社會之法律形式。原始封建國家已經陳腐不堪，現在必須掃除其殘滓。

歷史哲學之以人類的特質來解釋一切歷史過程的，往往引用無根之事實，以爲只有日耳曼民族，依其優越的政治能力，才能夠建設這種進化的封建國家。但是此種理論由於蒙古人種在日本亦曾建設同樣國家，已經失去價值了。倘令黑人不受外國文化的壓迫，而阻止其前進之路，誰敢斷言他們不能建設同樣國家。例如烏干達（Uganda）帝國，我們若把中世文化之傳統的價值放在度外，則其與迦羅棱格（Karolinger）王朝及波列斯羅赤王（Boleslaw der Rote）的國家有何區別。日耳曼民族能夠建設進步的封建國家，不是日耳曼民族的功績，而是運命送給日耳曼民族的贈品。

黑人姑且不說，後來學者均謂色目種族沒有建設國家的能力。但是數千年以前，他們建設埃及王國之時，已經建立了同一的封建制度。桑瓦爾德（Thurnwald）所述埃及之事（註一三三），令人懷疑他是說明斯道斐爾家（Staufer）。「凡服從有權的人，此後便受他保護，恰如家長保護

註一三三 Thurnwald, l. c. p. 705.

子弟一樣。」此種關係……有似君臣關係，以忠誠爲其特質。盡忠則受保護，這是埃及社會組織的基礎，不但是埃及王與其職官的關係的基礎，且又是封建諸侯與其陪臣及農民的關係的基礎。個人結爲集團，隸屬於共同保護主（Gemeinsame Schutzherr）之下，甚至社會金字塔（Gesellschaftspyramide）頂端的國王，竟然自稱爲「祖宗的嗣君」（Platzhalter seiner Väter），「上帝派在地上的臣」（Vassal der Götter auf Erden），也莫不建設於這個關係之上……凡在這個社會之外的人，即「無主（保護主）的人」（der Mann ohne Meister（=Schutzherr）），不受任何保護，因之他們乃在法律之外」。

我們現在不需要一種假定，即假定某種族有特別才能，今後也不需要這個假定。這個假定有如斯賓塞（Spencer）所說，在一切可以想像的事物之中，這是最愚昧的歷史哲學的企圖。

每個社會階級互相倚賴，成爲一個金字塔，其中各種身分雜然並列，這是進步的封建國家的第一特徵。各種族先則分離，次乃融合爲一個民族，這是第二特徵。

過去種族差別的意識完全消滅，所殘留的只有階層差別。

此後研究不復觀察種族，而只觀察社會階層的構造。社會的分裂控制了國家生活。因之種族意識變爲階層意識，羣的理論變爲階層理論。但其本質還是沒有變更。新興的統治階級用合法主義，誇耀其血統，此與過去的統治階級無異。縱是新興的武士貴族（Schwertadel）不久也忘記他們本來是被征服羣的後裔*。同時，降落的自由民、沒落的貴族也和過去隸屬民一樣，以爲這是「自然法」(Naturrecht)的命令，莫如之何。

進步的封建國家的根本特質，還是和原始國家的第二階段的特質相同。其形式是統治，其本質是經濟手段供爲政治的侵削之用。然而統治與侵削亦未嘗不受限制，一方採用政治手段的人有保護下層階級的義務；他方下層階級有要求生活費以維持其服勞能力(Prästationsfähigkeit)之權。統治的本質沒有變更，不過比較複雜而已。侵削亦然，換言之，經濟學所謂「分配」也是一樣。

國家對內政策仍舊循着同一軌道而走。一方由階層衝突(這是由過去羣的爭鬥嬗變而來)的離心力，他方由共同利害的向心力，二者互相牽制，畫了一個力的平行四邊形，而向對角線方向進行。國家對外政策仍舊看着統治階級如何需要土地與人民，卽仍舊要看統治階級爲保障自己的生存，其擴張領土的慾望如何**。

是故進步的封建國家，不論其分化如何精密，其結合如何堅固，要皆不外是一個成熟的原始國家而已。

*譯者案，吾國南北朝時，北朝士族如崔盧等姓也忘記他們祖先是爲五胡所征服。

**譯者以爲，吾國古人所說：「力多則人朝，力寡則朝於人」。到了今日，還是國際政治的原則。

第五章　立憲國家的發展

前曾說過，我們所謂「結局」（Ausgänge）是解釋爲進化的封建國家，由其內部的力，或向前，或向後，作有機的發展之意。我們既非解釋爲進化的封建國家，由於外部的力，機械的引起死滅，則其結局當然是由社會制度之自動的發達而引起，而此社會制度則爲經濟手段所造成，並非自然發生出來。

此種變革所以發生，也可以來自外部，即來自外國。這個外國因爲經濟非常發達，而有較集中的中央權力，較完備的軍事組織，及強大的戰鬪力。這個實例我已經稍稍提過。地中海沿岸封建國家之自動的發達，因爲與經濟上較富裕、政治上較集權的海國，例如迦太基（Karthago）尤其羅馬衝突，而致猝然中止。波斯王國之受亞歷山大大王蹂躪，也可以視爲一例。因爲當時馬其頓（Makedonien）已經占有希臘海國之經濟利益。在現代，最好的例是日本所受外國的影響。

日本受了西歐文明國家之軍事的及和平的影響，其發達過程大見縮短，幾令吾人不敢相信。日本不過三十年間，竟由進步的封建國家一躍而爲充分成熟的現代立憲國家。

由我們看來，它們不過縮短其發展過程。據余之意——歷史上的實例太少，而民族學又不能提供有力的根據——它們諸國若無強大的外國影響，內部的力必使它們也同樣正確的、向同一方向的結局發展。

經濟手段所創造的局勢控制社會的發展過程，這就是都市及都市所產生的貨幣經濟。貨幣經濟逐漸推翻自然經濟，而改變整個國家生活的基礎。質言之，卽流動資本(das mobile Kapital)漸次代替土地資本。

第一節 農民的解放

上述一切都是由封建的自然國家（der feudale Naturalstaat）的根本前提必然的發生出來。大土地財產愈益變成地方諸侯的領土，則封建的自然經濟愈迅速的崩潰。

大土地財產若未十分膨大，則太古的養蜂人對於農民只許留下僅供其生活的物資尚可以實行。一旦大土地財產過度膨大，其膨大的原因由普通情形看來，大率是小領主因爲戰爭、媾和、繼承、結婚，而合併其周圍的土地。此時養蜂人的政策就不能實行。領主若不想雇用那批經濟上爲浪費、政治上又危險的監視人（Aufsichtsbeamte），則宜稍稍減少農民的貢賦（一半爲地租，一半爲賦稅）。由是農民之經濟上的必要遂引起行政改革，並提高平民之政治地位。

領主愈不是私經濟的主體，而是公法上的主體，換言之，領主愈變爲地方諸侯，則君主與國家的聯帶關係愈見顯明。每位大領主將大土地財產改造爲地方諸侯的領土之時，必將覺得施行溫和的統治大有利於自己，不但可以培養平民發生強烈的國家意識，且可促使那一批尚未征服的自由民淪落爲隸屬民，而得隨時雇用之以爲軍隊。此外，還能夠從其鄰國刼掠人民，以供勞動力之用。及至地方諸侯取得事實上的獨立，必更爲自己利益打算，勢非走上這條路程不可。縱令他們欲將土地及人民給與官吏或將校，而顧到政治上的利害關係，亦必不肯無條件的將臣民交給此輩。地方諸侯爲保全自己的統治，必限制騎士（Ritter）要求其在一定土地之上徵收實物及勞役等地租的權。諸侯須保留公共生活所需要的政務（如開闢公路、架設橋樑等）於自己的手上。我們知道，在進步的封建國家，農民至少須伺候兩位主人，此對於農民後來的興起，有如何關係，我們不難推測。

由於這個理由，在進步的封建國家，農民所負擔的賦役必是有限的。卽自是而後，一切剩餘生產物均歸農民自由處分。此時也，大土地財產的性質也根本變更，過去農民除維持自己生活所必要之外，須將一切收穫物交給地主。現在一切收穫物，除去供爲地租而繳納於地主之外，其餘皆完全屬於農民。廣大土地的占領發達爲土地的統治，這是人類向其目標前進的第二次偉大的行程。第一行程是由熊的階段進化爲養蜂人，由此就發生了奴隸制度。再向前發展，又復廢止奴隸制度。勞動大衆過去只是權利的客體，現在才是權利的主體。「勞動力」（Arbeitsmoter）本來沒有權利，而爲主人的所有物，連生命的保障都沒有。現在變爲君主的一個臣民，而負擔納稅的義務。

至是，經濟手段才完全發生效力，且更進而發揮其勢力於別的方面。農民爲了自己利益，更加勤勉，更加謹愼，以從事工作。生產物若有剩餘，便以之創造經濟意義的都市（Stadt），即所謂工業都市。農民的剩餘生產物又使農民發生別的慾望，需要他們自己所不能生產的貨財。同時農業經營的集約化（Intensivierung）又減少從前農民家庭工業所生產的副產品。何以故呢？集約的耕種與牧畜可以吸收農家的勞動力。於是原始生產（Urproduktion，即農業）與工業之間乃有分工的可能及分工的必要。鄉村是農業所在地，都市是工業所在地。

第二節 工業都市的發生

我們必須知道：都市不是人爲發生的，工業都市才是人爲發生的，歷史上許多都市無不早已存在，進步的封建國家未嘗沒有都市。此種都市的發生或由於政治手段，如城堡（Burg）是（註一三四）；或由於政治手段與經濟手段的協力，如市場（Messplatz）是；或由於宗教上的必要，如

註一三四 「萊茵軍隊（Rheinarmee）較大的營壘常維持一種附屬都市，稱爲露天都市（Budenstadt，其原名爲 Canabae），而與軍營隔離。此種都市一部分由隨軍的人維持，一部分由兵役期間已滿而

尚留在軍中的老兵維持。歐洲各地尤其德國，在軍營附近，尤其在大本營附近，常有此種都市，經過許多歲月之後，就發生了眞正的都市（Mommsen, I. c. V. p. 153.）

廟會（Tempelbezirk）＊是。一個地方若有此種歷史意義的都市，在其隣近四周，新興的工業都市必發達起來。但是工業都市又可於別個地方，由成熟的分工，自然的創立起來，或先建設爲城堡（Burg），或先建設爲祭場（Kultstätte）。

但此不過歷史上偶然有之。若由嚴格的經濟意義言之，所謂「都市」是指經濟手段行使之地，卽農業與工業之間等價交易之地。日常用語所謂都市也是指此而言。無論一個城堡是如何的大，無論其包容寺廟、僧舍如何的多，若無市場，便只得依其外表，稱之爲「近似於都市」（stadtähnlich oder stadtartig）。

歷史的都市縱令外表沒有變化，然其內部亦必有很大變革，而後才可以視爲都市發生之前兆。工業都市是國家的反極（Gegenpol）和反面（Widerpart）。國家是發達的政治手段，工業都市是發達的經濟手段。是後，世界史上一切偉大鬪爭無不發生於都市與國家之間。

都市是政治的組織體，又是經濟的組織體。它以政治的武器及經濟的武器，破壞了封建制度，都市以政治的武器推翻了封建的統治階級的權力，又以經濟的武器，奪取其權力。

政治領域之內所以有此過程，乃是因爲都市成爲權力的中心。在進步的封建國家之內，中央

＊原著作人謂：禮拜堂周圍常有僧舍，學校及香客休息所（Ratzel, I. c. II. p. 575.）。凡大批香客朝進的地方，往往成爲商業中心點。北歐的大市場，依宗教上的儀式，稱爲 Messen，職此之故。

政府若與地方諸侯及其臣民發生鬪爭，都市在政治舞臺之上，常表現重要的角色。都市是儲藏作戰財物（兵器等）的場所，又是武裝的市民的城堡及住宅區，後來更是貨幣經濟的中心點。凡中央政府與新興的地方諸侯發生戰爭，或地方諸侯相互之間發生戰爭，都市是戰略上重要地點，又是強有力的盟友。因此，都市遂能乘機利用巧妙的政策，以取得許多權利。

照普通的情況說，都市在戰爭之時，常反對封建貴族，而協助中央政府。其所以如此者，蓋有各種原因。素封之家（Patrizier）富過王侯，要求社會地位平等，而地方貴族常反對之，這是社會的理由。其次，中央政府希望君民之間發生聯帶關係，常能注意共同利益，而大領主則只顧到私人利益，這是政治的理由。復次，都市惟於和平與安定之中，方能繁榮，這是經濟的理由。腕力權（Faustrecht）、挑戰權（Fehderecht）以及騎士的刼掠隊伍（Stegreif），此一切均與經濟手段不能相容。因此之故，都市對於保護和平及權利的人，即最初對於皇帝，其次對於主權的諸侯，無不盡心擁護。武裝的市民每次破壞或焚毀貴族的巢穴，此種現象可以表示他們兩者是勢不兩立的。

都市要完成政治上的任務，必須盡力吸收多數市民。此種舉措也許由於政治上的必要。何以說呢？市民人數愈增加，則分工愈發達，財富亦愈加多。因此，都市遂盡力獎勵移住，並表示自己的立場絕對與地方貴族相反。都市新吸收的新市民是從封建領地逃亡出來的；逃出之後，不再購用封建的貨物（Feudalgüter）。由是都市愈強，封建領主的課稅力及軍事力就愈弱。都市以強有力的競爭者出現於拍賣市場（Auktion）之上，用高價（給與最大的權利）引誘農民而移住於都市。都市給與農民以完全的自由，有時且供給房屋及花園。「都市空氣產生自由」（Stadtluft macht frei）的法則完全實現了，而中央政府也願意增強都市，削弱貴族，常用憲章承認新成立的城市有許多權利。

世界史上第三次偉大發展是發見（entdecken）自由勞動值得尊重，更正確的說，是再發見（wiederentdecken）自由勞動值得重視。自由勞動未曾存在於遠古。當自由狩獵民以及未被征服的原始淺耕農民尚得享受他們勞動收穫物之時，尚有勞動的自由。自是以後，農民至今還被人斥爲「賤人」（Paria），其權利渺渺無幾。但都市四周築有城廓，其中市民由一切法律意義言之，均是自由民，他們的地位已經提高。

但是都市之內尚存在着許多有政權的階級。舊日的住民，豪門的子弟，過去的自由民，富裕的地主，又常拒絕新來的闖入者、生來就沒有自由的人、貧窮的手藝匠、各種行商，共同參加政治。不過在都市空氣之中，要永久保存身分，又是不可能的事。我在敍述海國之時，已經說明過了。聰明、猜忌、嚴密組織、密集生活的多數人勢必出來要求平等的權利。這個鬪爭在進步的封建國家，比之海國，鬪爭的期間較長。因爲在封建國家，鬪爭當事人往往不能自己解決此類事件，近隣的大地主或君主常投身於鬪爭漩渦之中，而阻碍那批要求平等權的勢力的發展。古代海國除都市之外，沒有任何強大的封建領主，所以這個第三障碍不存在於海國。

與國王聯盟，以及農民逃入自由城市之內，這都是都市與封建國家鬪爭所用的手段，其實，經濟武器，卽那個與都市不能分離的貨幣經濟，也同樣發生力量，完全破壞了封建國家。

第三節　貨幣經濟的影響

貨幣經濟所產生的社會過程，衆所熟知，其結構如何，亦爲衆所共識，所以現在只簡單略述一二。

中央政府成爲全能，地方權力削弱到完全無力，此種現象是和海國一樣，是受貨幣經濟的強烈影響。

統治不是目的，而只是用以達成統治者目的的手段。目的無他，卽不必勞動而能享受那多多益善且愈貴愈好的消費物。在自然國家，統治就是達到這個目的的手段。邊境都督（Markgraf）及地方諸侯所以得到財產，因爲他們有政治的權力，農民伺候領主，人數愈多，則領主的戰鬪力愈強，領地愈大，領主的收入也愈豐。但是農業生產物一旦可在市場交換珍奇的商品，領主必儘量減少農民人數，極端集約土地耕耘，盡力搾取土地收穫，而給予農民以最少的生產物。因爲這由私經濟主體的地主看來，由那批尚未變成地方諸侯的地主看來（騎士也包括在內），是最合算的事。如是，那突然增加的土地財產的「純生產物」（produit net），便於贏虧計算之下，不是用之以養活舊衞隊，而是運到市場，交換商品。領主的徒附分散，騎士變成莊園的主人，於是中央政府（帝王或諸侯）一舉便打倒爭霸的人，政治上成爲全能了。那批猖獗的陪臣從前威可震主，而在身分國家之內，又得於短期間內，負擔統治之事。現在如何呢？乃變爲柔媚恭順的廷臣，乞憐於君主，藉以保全其生存。因爲只唯國王（軍隊的元帥）所掌握的兵權，才能夠保護廷臣，而壓迫佃農，使佃農仍聽廷臣驅使，不敢隨意反抗。在自然經濟，國王常輔助農民或都市以反抗貴族。現在呢？封建國家所產生的絕對主義又與貴族結合，以反抗經濟手段的代表者。

自亞當斯密（Adam Smith）作了錯誤的說明之後，世人每用下述方法以說明此種根本的變革，以爲那批愚昧的土地貴族爲了一盆豌豆，便出賣他們的長子繼承權；爲了無用的奢侈品，便出賣他們的統治權。此種見解是錯得離奇。個人選擇自己的利益，固然常常錯誤，一個階層全體決不會永久錯誤。

事實是這樣的，縱令農業上沒有變革，而貨幣經濟也可以直接發揮作用，加強中央權力，使土地貴族的反抗毫無用處。中央政府財政豐富，其軍隊比之封建的軍隊爲強，這是歷史所明示的。君主可用貨幣，把農家子弟武裝起來，訓練爲職業的兵士。其鞏固的組織絕對不是鬆懈的騎士軍隊能夠抵抗。此外，君主尙可以調遣都市內同業公會（Innung）的軍隊（Bataillon），以供己用。在西歐，鎗礮淸算了一切封建殘滓，而鎗礮則爲都市工業的生產物。封建諸侯已經不能專事豪奢，而須維持或增進自己的獨立地位。他們由於軍事上的必要，在其領地之內，也宜實行農業上的改革。何以故呢？諸侯要增加自己的勢力，須有貨幣。貨幣成爲「萬物的神經」（nervus rerum)，它可以購買武器，又可以雇用職業軍人。貨幣經濟的變革又造成第二期資本主義的偉大事業，於大規模農業生產之外，又發生了戰爭的偉大企業。戰爭企業家(kondottieri)跳上舞臺，而市場之上又充斥着無數兵士，他們或是領主所遣散的衛隊，或是土地爲領主所奪去的農民。

戰爭企業家的貴族利用此種方法，一躍而爲地方君主，其例之多，不勝枚舉。意大利便不只一次。瓦蓮斯坦（Wallenstein）就是一例。但這只是個人的命運，對於整個社會的最後結果不會發生任何變化。地方權力離開政治鬪爭舞臺，失去其爲獨立權力的中心，若尚能保存過去的殘餘力量，換句話說，若尚能維持身分國家的獨立，必須君主以地方權力能夠供給國家經費，而視爲一種財源。

君主的權力不斷的增加，現在又由貨幣經濟的第二個創造物，即官僚制度(Beamtentum)更見擴大。我們對於「魔術的圈」（Hexenkreis），即封建國家常循環於「合久必分，分久必合」之間，無法擺脫的現象，已經詳細說明了。此種循環所以發生，實因封建國家須以「土地與人民」爲祿俸，給與官吏。因之，官吏就有獨立的權力，終至尾大不掉，中央政府不能控制。然而貨幣經濟卻打破了這個「魔術的圈」。自此以後，中央政府可用祿俸，雇用官吏，執行各種職務，使他們永久隸屬於政府（註一三五），從而集權的統治就能永久存在。從前海國固然創造貨幣

註一三五　Eeisenhart, Gesch. der Nationalökonomie, p. 9.「因爲有了貨幣，供爲士兵的糧餉，於是就產生一個新的隸屬關係，那便是軍人與官吏。祿俸是定期發給的，所以他們不能離開雇主

（Soldherr）而獨立，更不敢反抗雇主。

經濟，而自海國滅亡之後，古來所不存在的帝國又復成立。

政治勢力發生此種變化，據余所知，到處均與貨幣經濟有密切的關係——埃及是唯一的例外。在埃及，人士皆謂貨幣經濟到了希臘時代，才見發達。若據余所得到專家報告，此語似無確定的學說——在此以前，農民的地租是用實物繳納（註一三六）。又者，我們尚須知道：自埃及驅逐希克索（Hyksos）之後，在新帝國內，君主的權力已甚強大。「軍事上的權力由外國兵支持，行政權集中於國王，由官僚們行使。封建的貴族主義完全消滅」（註一三七）。

由此可知乍看之下，埃及似是例外，其實，埃及並不例外，這是可以證明一般原則之眞實。埃及地理之特殊，世所罕見。埃及之國是在沙漠與山嶽之間，有一種天然的大道卽尼羅河貫通全域。其運輸笨重的貨物，比之最佳的陸路，尤爲方便。有這一條大道，埃及國王就能夠集中國內租稅於倉庫卽國庫（註一三八）之中，再從國庫取出，以實物形式，給與官吏及衞兵，以作他們的薪俸。因此之故，埃及自合併爲一個大國之後，直至外國勢力破壞其國家獨立之時爲止，均爲一個集權的國家。「在此種自然經濟之下，統治者遂能直接的，獨占的處分享樂財（Genussgüter），

註一三六 Thurnwald, I. c. p. 773.

註一三七 Thurnwald, I. c. p. 699.

註一三八 Thurnwald, I. c. p. 709.

於其全收入之中，除去自己所需要貨物的數量及種類之外，其餘均發給官吏。奢侈品的分配亦由統治者處理。這個事實就是埃及國王把持大權的原因（註一三九）。

尼羅河完成交通的任務，只可以視爲一個例外，實際上還是貨幣經濟促成了封建國家的瓦解。

變革所伴有的苦痛，是由農民及都市分擔。國王與土地貴族鬬爭，兩者媾和既已成功，他們便把農民瓜分了。國王以農民公有地的大部分及未曾侵削的農民勞動力的大部分賜給貴族；貴族則允許國王向農民及都市徵兵及收稅。於是過去自由的富農也沉淪於貧困之中，而成爲社會上的落伍者。

都市例如上部意大利若非發達爲封建的中央權力，則封建勢力必將聯合起來，壓倒都市（縱在此種場合，都市還是常受戰爭企業家控制）。敵人的攻擊力愈強，都市的勢力愈弱。因爲都市是隨農民購買力的增加而繁榮，又隨農民購買力的減少而衰落。小都市日益貧窮，勢只有服從君主的命令。大都市——在此處，因爲領主需要奢侈品而發生隆盛的工業——分裂爲許多社會羣，而喪失其政治力量。何以說呢？被解散的衞隊、離開土地的農民、逃出小都市的手藝匠、均成羣結隊湧入都市之內，現出一羣一羣無產階級的移動。到了這個時候，所謂「自由勞工」（freie Arbeiter）才成爲大衆，出現於都市勞動市場之上。從而「儲積的法則」（Gesetz der Agglomeration）又

註一三九：Thurnwald, l. c. p. 711.

造成財產及階級的區別。於都市人口之中，發生激烈的階級糾紛。君主則乘着他們鬪爭之時，取得了統治雙方的權力。其能永久逃出君主的兼併之外的，不過少數純粹的海國及都市國家而已。

國家生活的中心也和海國相同，移到別的地方。至是，國家生活已經不以土地財產爲中心，而以資本財產爲中心。切實言之，土地財產變爲資本。但是，爲什麼不和海國一樣，不能發達爲資本主義的經濟呢？

這是有內部及外部兩個原因。所謂外部原因是謂，凡國力所能達到的地方，幾乎沒有一處不組織爲強大國家，因之刼掠奴隸之事殆不可能。但是，比方西歐列強的美洲殖民地尚有黑奴可以購買，所以奴隸之制自林肯解放黑奴之後，才漸漸消滅。

所謂內部原因是謂農民與海國人民不同，不是對一個主人負有義務，而是對兩個主人*即地主與國君負有義務。兩個主人爲維持農民的服勞能力，不能不互相提携。這種互相提携對於兩個主人均爲有利。其中強有力的君主（例如布蘭登堡（Brandenburg）的普魯士國王）尚肯爲農民的利益打算，所以農民雖受苛捐雜稅的壓迫，而在封建制度十分發達，貨幣經濟已經發生之處，農民個人尚有若干自由，且在私法上亦得爲權利主體。

以上說明是否正確，我們只看封建制度尚未成熟而即採用貨幣經濟的國家的情形，就可知

*原著者謂，在中世德國，農民除地主和國君外，尚須納地租於里長（Öbermärker）及警官（Vogt）。

道。從前爲斯拉夫人所占領的德意志領土，尤其波蘭更是如此。在此地，當西方工業區對於穀物的需要，尚未把騎士卽公法上的主體改變爲莊園主人卽私經濟的主體之時，封建國家並未充分成熟，所以農民只供奉一位主人，卽只對地主負擔義務。因此之故，此地早就發生貴族的共和制度。貴族們若能抵抗強敵的壓迫，大約資本主義的經濟可以發生（註一四〇）。

下列事實是人人所熟知的，所以只要簡單說明。貨幣經濟若已發展爲資本主義，則可與土地的私有，共同造成階層的差別。資本家嗾使下級平民起來革命，反對從前的統治制度——以自然法（Naturrecht）爲號召——而要求平等的權利。雖然鬪爭的結果得到平等權，但勝利之後，那批動產階級卽所謂資產階級，又放下武器，與其敵人携手，於合法主義（Legitimismus）的意義之下，除合法主義之外，又利用自由主義，以與平民抗爭。然其所謂自由主義祇是欺人之語而已。

國家是如斯由原始的刼掠，發展爲進化的封建國家，又發展爲專制主義，更發展爲現代立憲國家。

第四節　近代立憲國家

今試詳細研究現代國家的靜態（Statik）與動態（Kinetik）。

註一四〇　參閱原著作人 Grossgrundeigentum usw. II. Buch, 3 Kap.

現代國家的本質還是和原始國家或進步的封建國家一樣，不過於階層因糾紛而作鬪爭之時，加上一個新因素，而代表整個國家的共同利害，那便是官僚階級（Beamtenschaft）。他們能夠完成任務到什麼程度，當在別處說明，現在只研究國家從其幼年時代繼承下來的特質。

其形式依然是統治，其手段依然是經濟手段所侵削的生產物。其侵削並不能任意妄爲，而須受國法的拘束。國法一方保護國民總生產之傳統的分配，他方雖然強迫納稅人服務，而尚維持納稅人的能力。國家的內政還是因階層糾紛的離心力與國家共同利害的向心力，互相牽制，畫了一個力的平行四方形，在其軌道上循環不已。國家的外政常由國民愛國心的作用，除奪取土地之外，還要奪取貨幣。

在大同社會尚未實現以前，社會還是同過去一樣，分別爲兩個階層。在國民勞動（經濟手段）所創造的總生產物之中，統治階級所取得的比其貢獻於國家的爲多，被統治階級所得的比其貢獻於國家的爲少。兩個階層又從經濟發達的程度，分裂爲許多小階層。此種小階層是依他們所得分配的多少，而有等級之差。

在高度發達的國家，兩個主要階層（統治者與被統治者）之間，尚有一個過渡的階層，其中可以分別爲許多社會層。屬於這個階層的人對上負服勞的義務，對下有受服勞的權利。舉一例說，現代德國的統治者至少有三個社會層：第一是地方的顯宦，他們同時是工業及礦業的大股東。第二是大工業家或銀行家，他們同時又是大地主，因此，很快的就與第一層合流（例如Fugger公爵，

Donnessmarck伯爵）。第三是鄉間小貴族。至於被統治者則有小農、農業勞動者及工業勞動者，而貧窮的手藝匠及低級官吏亦包括在內。過渡的階層是「中間階級」（Mittelstände），有大農、中農、小工業家，收入豐富的手藝匠以及較富的資產階級（Bourgeois）——此外尚有雖富而乃受人排擠，不能加入社交團體的猶太人——等。他們對於上層階級提供無報酬的勞務，對於下層階級又接受無報酬的勞務。個人運命之好壞可使他們或升於上層階級或沉於下層階級。每個人或其階層所注意的，只是上升或下沉。今日德國的過渡階層，例如大農及中等工業家是上升的，大多數手藝匠是下沉的。我們再研究階層的動態如次。

各階層的利害可以糾集其人衆之力，以一定的速度，向同一目標前進。這個目標是各階層所共同的，卽欲占有國民勞動的總生產物。每個階層無不盡力於取得最多的國民生產物。一切階層無不要求同一的貨物，然而物資有限，於是各種紛爭就發生了（爲了整個國家利益，而採取同一行動，實際上固有其事，但若太過重視此點，又不免發生偏見）。這個階層紛爭在歷史上常表現爲政黨的鬪爭。一個政黨本來只代表一個階層，一個階層若因社會的分化，分裂爲利害不同的小羣，則代表這個階層的政黨必跟着分裂爲小黨。此種小黨又因各羣利害的分歧，或仍爲友黨，或互爲敵黨。反之，兩個階層若因社會的分化，而失去其敵對感情，不久，又將混合爲一個新黨。第一種情形的實例是：德國的自由主義者分裂爲中產者的政黨及反對猶太人的政黨。由其分裂的結果，前者是代表下沉的社會羣。後者是代表上升的社會羣，第二種情形的實例是：愛爾布（Elbe）東部的小貴族與愛爾布西部的富農，政治上融合起來，結爲地主同盟(das Bund der Landwirte)。此時也，小貴族的地位降低，富農的地位上昇，兩者遂於中途結爲一體。我們固然不敢斷定，我們總可以推測一切政黨只有一個目的，代表他們階層，想取得最大分量的國民生產物。詳細言之，統治階層希望起碼能夠保有本來的分量，如其可能，則增加到最大分量（恰與原始養蜂人的態度相同）。反之，被統治階層則希望減少他們的貢賦到零點，由他們自己消費國民生產物全部。中間階層則盡力減少對上的貢賦，而增加對下的侵削。種種社會糾紛無不由此而生。

這是一般政黨鬪爭的目的及其內容。當然世上尙有少數政黨以全國民的福利爲目的，然此只是例外的事，又多限於國家生死存亡之時。總之，統治者常利用權力，以求達到目的，他們爲達到這個目的，乃制定法律，而又巧妙運用法律，使法律的刀鋒向下，而刀背向上。統治者爲自己階層的利益，又掌握兩種國權，第一是保留一切可以產生勢力和利益的重要地位於自己手上，第二是利用此種機關以指揮國家政治（如商業鬪爭、殖民政策、保護關稅、勞動政策等）。當貴族統治國家之時，他們侵削國家猶如莊園。在財閥取得政權以後，他們又視國家爲工廠。此兩者又假宗教之名，用塔布（Tabu）以掩蔽一切內情。

國法之中常有許多漏洞，足使統治者利用政治上的特權及經濟上的優越地位，以謀他們自己的利益。例如限制選舉，結社管束，救濟制度等是。因此，數千年來，支配國家生活的憲法鬥爭，到了今日，尙未結束。憲法鬪爭大率於議會之內，以和平方法爲之，但有時亦常依露天示威運動，大衆罷工，或暴民叛亂之形式爲之。

然而平民已經知道封建殘餘勢力不能妨碍都市的發達了。在現代立憲國家，妨害財富分配之徹底改造的，已經不是政治的原因，而是經濟的原因。國民大衆的生活依然困窮，終日勞苦，而乃不能餬其一口。反之，極少數的人因能混入特權階級，竟能攫取大量貢賦，過其奢靡的生活。分配不能公平，階層糾紛日益激烈，終則採取罷工之法，演變爲勞資雙方的工資鬪爭。案經濟制度最初是在和平中生長，其次就與政治制度有同等的作用，最後必能操縱政治制度的運命。現今工會已經控制政黨，英國的工黨之能組織內閣，即其一例。

不問立憲國家如何分化，如何結合，苟無一個新因素——官僚階級加入其中，則其形式和內容必與過去階段無別。

官吏由國庫領取薪俸，在原則上，他們可以擺脫經濟鬪爭之外，所以健全的「官僚政治」(Bureaukratie) 均不許官吏參加營利事業，以爲這可以破壞官紀。如果此種原則能夠完全實行，而優秀的官吏又不拘拘於自己階層的國家觀念，則官僚階層必能脫離一切利害鬪爭，成爲一個有組織，有秩序的因素，領導國家，步步向新目標前進。如是，他們將成爲扭轉國家的中心軸 (der Punkt des Archimedes)。

我們引爲遺憾的，這個原則並不容易實行。而官吏並不是毫無階級意識的抽象人 (abstrakte Menschen)。在土地貴族尚有勢力之時，凡參加某種企業或大規模農業，是取得官位的最好資格。此事始置而不談。凡經濟上巨大利益每可引誘多數官吏尤其是最有權勢的官吏，於無意識之中，或違反自己的意志，投身於利害鬪爭之中。父或岳父的津貼，繼承的財產，以及與地主金融家結爲姻親，都可以加強統治階層自幼養成的聯帶關係——官僚們大率出身於統治階層——沒有經濟上的利益，一般官吏也許可爲國家利益，犧牲此種聯帶關係。

由於這個理由，貧窮國家每有能力最強，公正無私，不偏不黨的官僚階級。例如過去普魯士因爲很窮，所以其官吏能力最強；又因爲有了此種官吏，所以該國能夠逃過許多危機。普魯士的官吏確實與一切營利事業沒有直接的或間接的關係。

國家稍見富裕，此種理想的官吏不易多覯。財閥政治的發達往往迫使官吏投身於利害關係之中，使他們失掉公正無私，不偏不黨的態度。事實固然如此，而官僚在某程度內，確已完成了他們的任務，犧牲階級利益，而保護國家利益。他們不知不識之中，如斯保護國家利益，遂使那產生官僚階級的經濟手段漸次征服了政治手段。官吏受到國內勢力關係的影響，固然有時不能不施行階層政策，而爲統治階層的代表。但他們確已緩和鬪爭的尖銳化，防止違法行爲，隨社會的發展，修改法律，使鬪爭不至太過激烈。在賢明君主所統治的國家，每代元首均如乎德烈大王(Friedrich der Grosse)所說，只是「國家第一公僕」，則上述之言更可以實現。何以故呢？國家能夠永久存在，對於君主是有利的。君主由於此種利害關係，必須加強國家利益的向心力，削弱階層糾紛的離心力。我在本書中，已經知道君民聯合是一個推動歷史的力。立憲國家的君主不是私經濟的主體，而是一位公務員，比之封建國家或專制國家，君民利害尤能一致。因爲封建國家或專制國家的統治，至少尚有一半是以君主私人經濟利益爲目標。

在立憲國家，統治的形式並沒有決定的作用。無論在共和國或君主國，階層衝突都是以同一手段，向同一目標前進。但其他條件如果相同，君主國比之共和國，其國家發達的趨向必比較平穩，而少挫折。因爲君主比之數年改選一次的總統，地位安定。雖然暫時不孚衆望，然無失位之虞，故能於長久期間之內決定一種政策而實行之。

此外尚有另一種官僚階級，那便是大學教授。他們對於國家的發達有很大的影響，吾人決不可輕視。他們不但和一般官吏一樣，是經濟手段的產物，同時又是推動歷史的力，而有探求因果關係的慾望*，此種慾望在原始社會，創造迷信，變形而爲塔布（Tabu），供爲統治者之用。現在則人類探求因果的慾望已經產生科學。科學攻擊迷信，破壞迷信，開闢一條進化的路徑。這是科學之功，尤其是高等科學之功。

*所謂「探求因果關係」不知是否謂供給若干勞動的因，就應該收回若干勞動的果。

第六章　國家進化的趨勢

我們猶如地質學專家之探查河流一樣，溯其發源之地，窮其流入大海之迹，而謀發見自太古而至現代國家發達的主要特徵。河流蕩蕩，沒入天際，直達於未曾研究且不能研究的大千世界之中。

歷史這個水流——從來一切歷史都是國家的歷史——也浩浩蕩蕩，洶湧於吾人的眼前，其前程也是沒入漂渺的雲霧之中。我們能夠預測這個河流之所之，以至於「欣欣然沒入那倚門而望的造物主之懷」麼？我們能夠用科學方法，診斷將來國家的進化麼？

我相信這是可能的。國家進化的趨勢（註一四〇）必將破壞國家的本質，離開「進步的政治手段」，而成爲大同社會，即成爲自由市民社會。換句話說，其形式在本質上仍和立憲國家相同，

註一四〇　參閱原著者的 Grossgrundeigentum usw. II. Buch 3. Kap.

由官僚階級管理政事。但國家生活的內容已經不是一個階級經濟上侵削別一個階級。今後的國家沒有階級，沒有階級利益。因此之故，官僚政治自可達到現今國家所不能達到的理想，即公正的、確實的、擁護公共利益。

從前討論國家與社會的區別，書籍之多不啻汗牛充棟。惟由我們觀之，這個問題並不難解決。「國家」是人類依政治手段卽霸道而造成的一切關係之總稱。「社會」是人類依經濟手段卽王道而結合的一切關係之總稱。過去學者常將國家與社會混爲一談。到了大同社會，卽「自由市民社會」實現之時，沒有彼爭我奪的國家，而只有世界大同的社會。

這種推測乃是許多偉大的歷史哲學家所作的有名的公式，卽他們對於世界史所給予的「評價的結論」(Wertresultat)。它包括聖西門 (St. Simons) 所說：「由軍事的活動進化到和平的勞動」，又包括黑格爾所說：「由不自由發展到自由」，復包括黑爾達 (J. v. Herder) 所說：「人道的進化」，更包括斯萊爾馬赫 (Schleiermacher) 所說：「理性滲透到自然界」。

在我們時代，已經沒有古典主義者及人文主義者的樂觀論了，而社會學的悲觀論乃支配一切思想界。我所作的預測也許不能得到多數人贊成，因爲得到統治利益的人，受了階級精神的影響，必謂此種預測，毫不足信。而屬於被統治階級的人又極端懷疑這個預測之能實現。無產階級原則上也曾預言國家的死滅，而代以無階級區別，無侵削行爲的社會。但是他們所預言的死滅不是依進化之路，而是欲用流血革命以實現之。他們以為將來社會與歷史進化所造成的社會不同。它是一個經濟手段的組織，它是一個無市場的經濟制度，卽所謂集產主義（Kollektivismus）。無政府主義者又以國家的形式(Form)及內容(Inhalt)有似於同一錢幣的表裏，若有侵削，必有統治。因之，他們欲一併廢除國家的形式及內容，創造無政府狀態。縱令分工的經濟利益，亦願棄而不顧。那偉大的思想家，例如袞普羅維玆（L. Gumplowicz）* 首先創造本書的國家理論的基礎，也是一位社會學的悲觀論者。其結論恰與他所痛駁的無政府主義相同。他也以為國家的形式及內容，統治及侵削是永遠不能分離。因為多數人的共同生活若無強制權力，加以管束，必至瓦解——這個見解未必不對——他把階層國家視為一個「內在的範疇」(eine immanente Kategorie)，而不視為「歷史的範疇」（eine historische Kategorie）。

* 譯者案，主張國家是武力造成的團體，除　國父孫先生外，尚有社會學者及社會主義者兩派。前者的論點注重在種族鬥爭（Rassenkampf），創始人為 L. Gumplowicz，繼承之者有 G. Ratzenhofer。本書著作人 F. Oppenheimer 亦採是說。後者的論點注重在階級鬥爭（Klassenkampf），馬克思一派卽屬之。前者以強的種族壓迫弱的種族，用為奴隸，侵削其勞力為國家發生的原因。後者以富裕階級壓迫貧窮階級，強迫其勞動，而攫取其剩餘價值為國家發生的原因。此種武力說（Machttheorie）由來已久，希臘的 Sophists 卽以國家的發生起源於武力。十四世紀亞拉伯學者 Ibn Khandun 又以征服（Eroberung）為國家的起源。十八世紀以後，學者主張武力說的，人數漸多，D. Hume 已經以武力為國家產生的原因，且又以武力為統治的基礎了，此外如 Adam Smith, A. Ferguson 等均有同一的主張。

只有少數社會的自由主義者及自由的社會主義者才相信社會可依進化之法，達到沒有階層統治，沒有階層侵削之境。照他們說，個人的政治運動的自由及經濟活動的自由——當然須局限於經濟手段的範圍內——可以保證社會進化能夠達到這種境地。此種見解是奎雷（F. Quesnay）尤其是亞當斯密（Adam Smith）所倡導。到了現代，又有亨利喬治（Henry George）杜林（K. E. Dühring）及黑爾茲迦（F. Hertzka）等繼承其說，而爲初期曼徹斯特學派之社會自由主義者的信條。

以上所言，是預測國家進化的趨勢及經濟進化的趨勢，而以歷史哲學及經濟原理爲基礎。兩個趨勢很明顯的同歸於一。

國家進化的趨勢是展開爲經濟手段不斷的戰勝了政治手段。對於經濟手段的權利，對於平等及和平的權利，最初只實行於血統團體極小範圍之內，這是人類原始社會的恩賜。不久，我們卻看到和平的法律漸次擴大其範圍，而驅逐阻礙之力。又到處可以看到和平的法律與經濟手段同時發展，且發展爲兩羣之間的等價交換，最初也許是火的交換，其次是婦女的交換，最後爲貨物的交換。和平的法律最初保護市場，其次保護往來市場的道路，最後又保護道路上往來的商旅。我們又看到國家如何採用並擴大此種和平組織，而和平組織在國家之內又如何驅逐暴力。商人的權利變成都市的權利。工業都市卽進步的經濟手段，用其商品經濟及貨幣經濟摧毀封建國家卽進步的政治手段。最後都市人民又在公開戰爭之中，掃蕩封建國家的政治殘滓，爲全國人民爭得自由權及平等權。至是，都市的權利變成國家的權利，最後又變成國民的權利（註一四二）。

世上已經沒有任何力量能夠阻止此種趨勢的開展，反而過去妨害這個過程的障礙現在已經漸漸衰萎。國際貿易比之國際戰爭及國際政治更有意義。而在國內，和平權所產生的流動資本，依經濟發展的過程，又漸次壓倒了戰爭權所產生的土地財產。同時迷信亦漸次失去勢力。這樣，我們可以得到一個結論：此種趨勢必定進行到政治手段及其創造物完全排除淨盡，經濟手段完全得到勝利之時，才肯罷休。

但是也許有人提出異議：此種勝利不是早已得到麼？過去戰爭權的一切餘孽在現今立憲國家不是早已掃蕩麼？

我們反對這個意見，殘滓尚見存在，不過是隱匿在經濟的假面具之內。察其外表，絕對不是法律上的特權，而只是經濟上的財產。這便是大土地的所有權，而爲政治手段最初的產物，又爲政治手段最後的堡壘。假面具保存大土地所有權，使其未曾受到封建創造物的厄運。這個戰爭權最後的殘滓實爲阻害人類進步最後唯一的障礙。但經濟的發達又可以把這障礙掃除淨盡。

本書篇幅有限，不許余詳細證明這個主張（余在別的著作（註一四三）已經提出這個主張的正當），

註一四二　參閱 Peter Kropotkin, Gegenseitige Hilfe in der Entwickung, Gustav Landauer 德譯，Leipzig, 1904.

註一四三　Die Siedlungsgenossenschaft usw. Berlin. 1896. Grossgrundeigentum und soziale Frage, Berlin, 1898.

現在只簡單述其要點。

在立憲國家之內，經濟手段的總生產物如何分配於每個階層之間？質言之，資本主義的分配與封建的分配，根本是否不同。

據經濟學者全體一致的見解，自由勞動者（照馬克思說，他們在政治上是自由的，在經濟上是沒有資本的）的供給若永遠超過於需要，那必發生「資本關係」（Kapitalverhältnis），這是資本關係所以成立的唯一原因。兩個勞動者追求一個企業家，當然可以減低工資。所以剩餘價值常歸於資產階級，而勞動者永遠不能創造資本，而成爲企業家。

但是自由勞動者的供給過剩從何而來呢？

據資產者之言，這種供給過剩乃是因爲無產者生了子女太多，這個見解不但理論上錯誤，且又與一切事實矛盾（註一四四）。

據無產者之言，資本主義的生產過程，由於機器的採用，可以節省勞動力，因而不免解雇勞動者。這樣，人數極多的自由勞動者便無工可作，而變成無產階級。此種見解也是理論上有誤謬，且又與一切事實矛盾（註一四五）。

註一四四　參閱原著作人的 Bevölkerungsgesetz der T. R. Malthus, Darstellung und Kritik. Berlin-Bern. 1901.

註一四五　參閱原著作人的 Grundgesetz der Marxschen Gesellsaftslehre, Darstellung und Kritik. Berlin. 1903.

一切事實告訴我們，自由勞動者的供給過剩乃發生於大土地私有制。此種論斷沒有矛盾，農民的遷徙與移民乃是資本主義的分配所以發生的原因*。

現今經濟發展的趨勢，是以排除大土地私有制爲目標。都市的繁榮強迫地主解放農奴。大土地私有制因農奴的解放，不禁茫然自失。遷徙自由使農民有逃出農村的機會。海外移民又引起多數民衆越過海洋，而致引起生產物價值之不安定。且也，遷徙可令工資有永久抬高的必要。這樣一來，地租必漸次降低而至於零。但是世上卻沒有一個勢力足以阻礙此種過程的發展（註一四六）。於是大土地私有制消滅了。當此之時，「兩個企業家爭求一個勞動者，當然可以抬高工資」。資產者沒有任何剩餘價值，而勞動者遂得創造資本，而自爲企業家。政治手段最後所保有的創造物（大土地私有制）完全破壞。自是而後，只唯經濟手段支配一切。此種社會的內容是「純粹經濟」(die reine Wirtschaft)（註一四七），即等價的貨財與貨財交換，或等價的勞動力與貨財交換。此種社會在政治上，其形式爲「自由市民社會」，即所謂大同社會。

*原著者未說明原因。譯者也不便多加數句，解釋其原因所在。

註一四六 參閱原著者的 Grundgesetz der Marxschen Gesellschaftslehre IV. Teil. namentlich im 12 Kapital, Die Tendenz der kapitalistischen Entwicklung, p. 128ff.

註一四七 參閱原著者的 Grossgrundeigentum und sogiale Frage, Berlin, 1898. Buch 1 Kap. 2 Abschn. 3: Physiologie des sozialen Körpers, p. 57ff.

此種社會在德國，實行有四百年之久（註一四八）。自紀元後一千年——這個時代，原始的大土地私有制已經發達爲絲毫無害於社會的大土地統治——至一千四百年——這個時代，在斯拉夫領域內，已經利用政治手段，卽利用刼掠戰爭之法，驅逐農民出境，奪取其土地，而建立大土地私有制（註一四九）——烏達的摩爾孟國（der Mormonenstaat Utah）也可以視爲此種社會——至今尚未改變——摩爾孟國有一個賢明的土地法，只許小農及中農存在（註一五〇），約瓦（Jova）的伯爵領地（Grafschaft）及威茵蘭（Vineland）市，每個住民均可以取得土地，不必繳納地租，其情形頗有似於上述社會（註一五一），新錫蘭（Neu-Seeland）也是這種社會的模型。其政府以全力奬勵中小土地的私有，同時又以一切手段限制或破壞大土地私有（註一五二）——因爲沒有自由勞動者，地租的產生殆不可能。

在此種情況之下，福利（Wohlstand）是平等的——不是機械的平等——分配，財富(Reich-

註一四八 可閱原著者的 Grossgrundeigentum II. Buch, Kap. 2 Abschn. 3 p. 322ff.

註一四九 Grossgrundeigentum, II. Buck. Kap. 3. Abschn 4. namentlich p. 423ff.

註一五〇 原著者的論文：Die Utopie als Tatsache., Zeitschrift f. Soz.=Wissensch. II (1899), p. 100ff. Neu abgedruckt in der Sammlung meiner Reden und Aufsätze: "Wege zur Gemeinschaft". Jena. 1924.

註一五一 原著者的 Siedlungsgenossenschaft p. 477 ff.

註一五二 參閱 Andre Siegfried. La democratie en Nouvelle-Zelande, paris, 1904.

tum）則不許存在。因爲福利是支配享樂財，財富則支配人類。在此種情形之下，沒有生產手段（Produktionsmittel）作爲資本之用，因之也不會產生剩餘價值。在此種情形之下，沒有「自由」勞動者，因之就沒有資本關係（Kapitalverhältnis）。此種社會若無戰爭權（Kriegsrecht）造成的環境阻礙其發達，則其政治形式必接近於，且日益接近於「自由市民社會」（即大同社會）。在新開地，例如烏達（Utah）及新錫蘭（Neu-Seeland），「國家」忽而出現，忽而消滅，這是萌芽初期的現象。自由民不識階級鬪爭，其自治自決必能完全實現。在德國，一方有都市同盟（Städtebund）的勃興及封建國家的毀滅，他方有職工階級（Gewerke）——包括當時都市平民全體——的解放及世襲貴族的沒落。一興一衰，是以同一速度進行的。到了原始國家建立於東方邊境之時，此種發展忽然停頓，而經濟的隆盛亦發生破綻。凡相信歷史有其一定發展的目標，都必以爲人類在自由發現其意志以前，必須先嘗一番苦痛的經驗。中世時代已經發見自由勞動制度，惜其未能充分發達，對於人類有所貢獻。資本主義的勞動作法，於工廠內發見了，且又完成了其效率無比的分工合作的勞動，使人類能夠控制自然力，而成爲「天體的帝王」（König der Planeten）。古代的奴隸制度及現代資本主義的勞工制度固曾一度是必要的，而今卻成爲贅瘤了。雅典的自由市民每人有五個奴隸伺候。同樣，現代社會的市民每人亦有各種各式的奴僕伺候，不過現代奴僕不是肉造的，而是鐵製的，所以它們乃勞而不倦。現代文化比之柏利克勒斯（Perikles）時代的文化，已經進步多了。因爲我們國家的人口、權力、財富無不超過於阿的卡

（Attika）最繁榮的小國。

雅典受到奴隸經濟、政治手段之累，自有其滅亡的理由。人類一旦走上這條道路，除民族滅亡之外，沒有別的前途。我們的道路乃是一條生路。

歷史學觀察國家發展的趨勢，與經濟學觀察經濟發展的趨勢，皆可以得到同一結論。卽經濟手段在戰場上總是勝利的，而政治手段之中，其最舊式而最有生命的，必消滅於社會生活之外。換言之，大土地私有制與地租必與資本主義同時消滅。

這是人類受難的路程，又是人類得救的路程。人類由戰爭到和平，由羣（Horde）之讐視分裂到人類的和平統一，由獸性到人性，由霸道造成的武力鬭爭的國家到王道造成的自由市民社會——大同社會，這是人類的 Golgatha（耶穌釘死十字架之地），又是人類的更生，向永久美滿的王國邁進。

＊譯者案本書處處以大土地所有爲一切問題發生的原因。孫中山先生於民生主義，最初提出卽平均地權，可見孫先生的思想與本書著作人相同。

譯者後序

國父孫中山先生在其所著三民主義中，民族主義第一講曾經說道：「國家是用武力造成的……武力就是霸道，用霸道造成的團體，便是國家……自古及今，造成國家沒有不是用霸道的」。由此可知孫中山先生關於國家的本質，其思想乃是一種「武力說」（the force theory）。既以國家爲武力造成的團體，則國家的起源必不能離開武力，換言之，非經武力鬪爭，國家無從建立起來。案武力說可大別爲兩種：一派是社會學者，爲其代表的，有 L. Gumplowicz, G. Ratzenhofer 及 F. Oppenheimer 等輩。另一派爲社會主義者，爲其代表的，有 H. K. Marx 及 F. Engels 等輩。兩派都主張國家是武力造成的團體，亦卽霸道造成的團體。但前者由種族鬪爭（Rassenkampf），後者由階級鬪爭（Klassenkampf）出發。吾人研究各國歷史，就會知道種族鬪爭之說似比階級鬪爭之說爲正確。但是，階級鬪爭說並不是馬克思首創的。正統學派亞當斯密（Adam Smith, 1723-1790）就有這個見解，他以財產差別爲階級發生的原因。又以階級差別爲國家發生的原因，他說：「在私有財產制度尙未發生以前，沒有國家，也沒有政治。政治的目的在於保護財產，卽對於貧民而保護富豪。如在牧畜時代，某人有五百匹的羊，別人沒有一羊，則前者非有政府保護，絕對不能保存其羊。財產不平等可以發生貧富的差別，而造成富豪控制貧民的關係。因爲富豪旣有財產，又可利用財產，糾合徒附，把野生的走獸占據爲私有物，這個時候貧民勢必不能再用狩獵的方法，維持生活，所以只有投靠富豪，代其工作，以取得生活資料。富豪對於貧民旣有控制的權力，而爲預防貧人的叛變，就覺有設置政府，藉以維持秩序的必要，這樣，就成立了國家。同時又有一位學者A. Ferguson（1724-1816）將國內的階級鬬爭與國外的種族鬬爭結合起來，以爲國家的發生由於兩種鬬爭的交互作用。照他說，蠻荒時代沒有貧富的差別，沒有階級的對立，因之沒有政治，也沒有國家。國家的產生由於戰爭，戰爭之時，一方在同羣之中，發生了酋長武士及平民的對立。酋長武士可以多得戰利品，因之又發生了貧富不均之狀。他方對於戰敗的羣，可以虜掠其人民以爲奴隸，於是又發生了征服者與被征服者的對立。酋長武士爲禁止同羣人的內鬨，並制止被征服者的反抗，遂設置統治組織，以預防內外部的叛變，於是國家就發生了。

我們以爲在原始社會，人類的結合乃以羣爲基礎。而地廣人稀，此羣的人與彼羣的人未必就有接觸，縱有接觸，以當時人類生活的幼稚，一人一天之收入只能維持一人一天的需要，每一個人因爲生活問題，均日不暇給，何能引起鬬爭。何況同羣的人，血統相同，言語相同，習慣相同，信仰相同，他們爲對付毒蛇猛獸的襲擊，必須互相協力，互相合作，而後方能保全其生命，更那會有同羣的人發生鬪爭之事。而且當時各人的生活，或遊牧，或農耕，僅能自給自足，既無過富之人，亦無赤貧之輩。縱令時運不齊，有的牛羊蕃滋或收穫豐富，而不幸的人亦可由隣人協助，開闢新地以作牧場，或耕耘新地以作農園，從新創造財富，此又那會有貧富鬪爭之事。

到了人口增加，兩羣的人開始接觸，情形就不同了，言語異聲，血統有別，習慣不同，信仰各異，而人口過剩勢不能不爭奪肥沃之地以飼養牛羊或耕耘土地，於是兩羣之間就發生了衝突。所以原始社會的鬪爭必開始於異羣之間，而非開始於同羣貧富之人，自此而後「人與人爭」就開始了。所以孫中山先生才說：「世界自有歷史以來，都是人與人爭」。戰爭的結果，最初是互相屠殺，次則俘之以爲奴。夏啓之甘誓，商湯之湯誓，均有「予則孥戮汝」之句。孥是捕之以爲奴隸，戮是殺之以戒冥頑之徒，可知吾國在夏商時代，戰爭除屠殺外，已有俘虜敵人以爲奴隸之事。至周，奴隸更多。文王時代已經嚴禁奴隸逃亡，左傳，「周文王之法曰有亡荒閲」，杜預注云：「荒大也，閲蒐也。有亡人，當大蒐其衆」。所謂亡人，依左傳前後文句，是指奴隸之逃亡者（左昭七年）。奴隸的來源以戰爭俘虜爲最多。禮記，「天子出征，執有罪反……以訊馘告」。孔穎達疏云：「謂出師征伐，執此有罪之人，還反而歸……訊是生者，馘是死而截耳者」（禮記注疏卷十二王制）。死者截其耳，以證明殺人之多，而報告其戰功。生者俘囚而歸，用之以爲奴隸。周有五隸，除其中之一爲罪隸（賈公彥疏，此中國之隸，言罪隸。古者身有大罪，身既從戮，男女緣坐。男人入於罪隸，女子入於舂藁）外，其餘四隸皆捕獲蠻族以爲奴（周禮注疏卷三十四秋官司寇），其人數之多，單單每隸之中選取善者以爲役員（仝上罪隸疏），就各有一百二十人。故鄭玄說：「凡隸衆矣」（仝上貉隸條）。一方要壓制奴隸的反抗，同時須防禦異羣的侵略，這是國家起源的原因。

國家確如孫中山先生所說：是武力造成的團體，其所以必用武力，最初絕不是同社會主義者所說，由於貧富不均，而是如社會學者所說，由於種族不同。最初是羣與羣爭，其次是部落與部落爭，再次是種族與種族爭，現今則爲民族與民族爭。由羣而進化爲部落，由部落而進化爲種族，其先也，兩羣的人或兩部落、兩種族的人乃各居一地，不相來往，而無親睦感情。據 F. Oppenheimer 說：人類都有生存慾望，人類要維持其生存，必須取得生存資料。人類取得生存資料的方法可分兩種：一是勞動（Arbeit），二是刼掠（Raub），前者叫做經濟手段，後者叫做政治手段。國家就是政治手段（武力）的組織，所以在一個人利用經濟手段只能取得一個人的生存資料之時，國家不會發生。因爲這個時候沒有多餘的生產物供人刼掠，因之政治手段沒有用處。在原始社會，人類的經濟生活不外狩獵農耕及遊牧三種。狩獵民不會組織國家，因爲他們的生產力非常幼稚。倘令他們在隣近之地發見了一個更進步的經濟組織而征服之，也可以組織國家。但事實上狩獵民皆生存於無政府狀態之下。淺耕農民也不能組織國家，因爲他們彼此孤立，各有田宅，而散居於各村落。他們不易團結，當然不能組織戰鬪團體，攻擊別人。而當時耕地過剩，任誰都可以得到土地，而各人所占領的土地又必以各人所需要者爲限。占地太廣，穀物無處貯藏，只有聽其腐爛，所以刼掠別人的土地而耕墾之，乃是浪費精力。在這種情況之下，政治手段當然沒有用處，因之國家不會成立。反之，遊牧民則有組織國家的能力，他們常用武力，征服農民，農民屈伏，而向征服者納稅，那便發生了國家。

由遊牧民開始侵略農民而至於國家的成立，其間可分做六個階段。第一階段是邊境戰爭的刼掠及屠殺。最初遊牧民雖然敗北，但他們必捲土重來，報復仇恨。反之，農民安土重遷，不能進軍直擣遊牧民的巢穴。而戰爭不已，田園荒蕪，對於農民也是不利。所以遊牧民與農民戰爭，最後勝利必在遊牧民。第二階段是遊牧民漸次知道砍倒果樹，便不能結實，屠殺農民，便不能耕耘。乃於可能範圍內，任果樹植立，任農民生存。卽遊牧民不再屠殺農民，惟刼掠農民的剩餘生產物，至於農民的住宅農具以及維持生活的餘糧，則仍留給農民。第三階段是遊牧民的刼掠漸變為農民的貢賦。遊牧民已經知道利用和平方法，來奪取農民的剩餘生產物，由是一方農民解放於姦淫虜掠之外，同時遊牧民亦有時間及能力去征服別的農民。第四階段是遊牧民為了自已利益，一方必須保護農民，而預防別個敵人刼掠，他方又須監視農民，使其不敢勾結外敵而反叛，乃與農民同住一個地方，於是領土觀念遂見發生，而兩個集團也由國際關係變為國內關係。第五階段是同一領土之內，倘若村落與村落發生械鬪，則農民的生產力必將因之破壞，於是遊牧民又設置法庭，管理審判，統治組織於此益見完備。第六階段是兩個集團的同化。最初它們雖然同住一地，但彼此之間仍有種族觀念。到了這個時候，便混雜而居，融合為一，不但奉同一宗教，用同一言語，有同一習慣，且因生活於同一環境之下，鑄成同一的感情，又因統治階級常從被統治階級之中，選擇美女，以作妃妾*。而發生共同的血統。於是國內愈見統一，而國家亦臻於完成之域。

Oppenheimer 是樂觀主義者，他認爲經濟手段終必戰勝政治手段，從而政治手段所組織的國家必至死滅，而代以自由市民團體——即國父孫先生所謂大同社會。他寄望於中間階級的官吏，以爲官吏由國庫取得薪俸，維持生活，原則上他們可以擺脫經濟鬪爭之外。所以健全的官僚政治（Bureaukratie）均禁止官吏參加營利事業，因爲不如是，將無以維持官紀。如是，官僚階層必能脫離一切利害鬪爭，領導國家，步步向新目標（自由市民團體，亦即大同社會）前進。

Oppenheimer 並不是烏託邦的幻想者，他深知官吏不是毫無階級意識的抽象人（abstrakte Menschen），凡經濟上有大利可得，每可引誘官吏，於不知不識之中，參加利害鬪爭。因此之故，貧窮國家每有能力最強，公正無私、不偏不黨的官僚階級，代替人民做一番事業。過去普魯士因爲很窮，所以其官吏有才幹，有魄力，而令該國能夠逃過許多危機。事實固然如此，而官吏

*吾國於「平王之末，周室陵遲，戎逼諸夏，自隴山以東及乎伊洛，往往有戎，當春秋時，間在中國」（後漢書卷一百十七西羌傳），「諸戎飲食衣服不與華同，贄幣不通，言語不達」（左襄十四年）。但在另一方面，統治階級乃常與戎女結婚，晉獻公娶二女於戎，又伐驪戎，以驪姬歸（左莊二十八年）。不但諸侯，就是天子，例如周襄王以狄女隗氏爲后（左僖二十四年）。所以到了戰國中葉，小股戎狄均同化於中原民族。

在某程度內，確能犧牲階級利益，促進全民利益。綜觀各國政治，官吏確已緩和貧富鬪爭的尖銳化，防止違法行爲，隨社會的發展，修改法律，使鬪爭不至太過激烈，而漸次改革政治，使政治手段所造成的國家，漫漫的改造爲經濟手段所造成的大同社會。

此外尚有另一種官僚階級，我們不可輕視，那就是大學教授。他們對於國家的發達有很大的影響。他們不但和一般官吏一樣，是經濟手段的產物，且是創造科學，破除迷信，成爲推動歷史的動力。國家有了他們，必能開闢一條進化的路程，使整個社會逐漸接近於吾人所想像的大同社會。這是 Oppenheimer 在本書中的結論。

扇子與中國文化	莊　申　著
水彩技巧與創作	劉其偉　著
繪畫隨筆	陳景容　著
素描的技法	陳景容　著
建築鋼屋架結構設計	王萬雄　著
建築基本畫	陳榮美、楊麗黛　著
中國的建築藝術	張紹載　著
室內環境設計	李琬琬　著
雕塑技法	何恆雄　著
生命的倒影	侯淑姿　著
文物之美——與專業攝影技術	林傑人　著

滄海美術叢書

儺ㄋㄨㄛˊ史——中國儺文化概論	林　河　著
挫萬物於筆端——藝術史與藝術批評文集	郭繼生　著
貓・蝶・圖——黃智溶談藝錄	黃智溶　著

抗戰日記	謝冰瑩 著
給青年朋友的信(上)(下)	謝冰瑩 著
冰瑩書柬	謝冰瑩 著
我在日本	謝冰瑩 著
大漢心聲	張起鈞 著
人生小語(一)～(六)	何秀煌 著
記憶裏有一個小窗	何秀煌 著
回首叫雲飛起	羊令野 著
康莊有待	向陽 著
湍流偶拾	繆天華 著
文學之旅	蕭傳文 著
文學邊緣	周玉山 著
文學徘徊	周玉山 著
種子落地	葉海煙 著
向未來交卷	葉海煙 著
不拿耳朵當眼睛	王讚源 著
古厝懷思	張文貫 著
材與不材之間	王邦雄 著
忘機隨筆——卷一・卷二	王覺源 著
詩情畫意——明代題畫詩的詩畫對應內涵	鄭文惠 著
文學與政治之間——魯迅・新月・文學史	王宏志 著
洛夫與中國現代詩	費勇 著

美術類

音樂人生	黃友棣 著
樂圃長春	黃友棣 著
樂苑春回	黃友棣 著
樂風泱泱	黃友棣 著
樂境花開	黃友棣 著
音樂伴我遊	趙琴 著
談音論樂	林聲翕 著
戲劇編寫法	方寸 著
戲劇藝術之發展及其原理	趙如琳譯著
與當代藝術家的對話	葉維廉 著
藝術的興味	吳道文 著
根源之美	莊申 著

中西文學關係研究	王潤華 著
魯迅小說新論	王潤華 著
比較文學的墾拓在臺灣	古添洪、陳慧樺主編
從比較神話到文學	古添洪、陳慧樺主編
神話卽文學	陳炳良等譯
現代文學評論	亞菁 著
現代散文新風貌	楊昌年 著
現代散文欣賞	鄭明娳 著
實用文纂	姜超嶽 著
增訂江皋集	吳俊升 著
孟武自選文集	薩孟武 著
藍天白雲集	梁容若 著
野草詞	韋瀚章 著
野草詞總集	韋瀚章 著
李韶歌詞集	李韶 著
石頭的研究	戴天 著
留不住的航渡	葉維廉 著
三十年詩	葉維廉 著
寫作是藝術	張秀亞 著
讀書與生活	琦君 著
文開隨筆	糜文開 著
印度文學歷代名著選(上)(下)	糜文開編譯
城市筆記	也斯 著
歐羅巴的蘆笛	葉維廉 著
移向成熟的年齡——1987～1992詩	葉維廉 著
一個中國的海	葉維廉 著
尋索：藝術與人生	葉維廉 著
山外有山	李英豪 著
知識之劍	陳鼎環 著
還鄉夢的幻滅	賴景瑚 著
葫蘆・再見	鄭明娳 著
大地之歌	大地詩社 編
往日旋律	幼柏 著
鼓瑟集	幼柏 著
耕心散文集	耕心 著
女兵自傳	謝冰瑩 著

唐玄奘三藏傳史彙編	釋光中 編
一顆永不殞落的巨星	釋光中 著
新亞遺鐸	錢穆 著
困勉強狷八十年	陶百川 著
我的創造・倡建與服務	陳立夫 著
我生之旅	方治 著

語文類

文學與音律	謝雲飛 著
中國文字學	潘重規 著
中國聲韻學	潘重規、陳紹棠 著
詩經研讀指導	裴普賢 著
莊子及其文學	黃錦鋐 著
離騷九歌九章淺釋	繆天華 著
陶淵明評論	李辰冬 著
鍾嶸詩歌美學	羅立乾 著
杜甫作品繫年	李辰冬 著
唐宋詩詞選——詩選之部	巴壺天 編
唐宋詩詞選——詞選之部	巴壺天 編
清眞詞研究	王支洪 著
苕華詞與人間詞話述評	王宗樂 著
元曲六大家	應裕康、王忠林 著
四說論叢	羅盤 著
紅樓夢的文學價值	羅德湛 著
紅樓夢與中華文化	周汝昌 著
紅樓夢研究	王關仕 著
中國文學論叢	錢穆 著
牛李黨爭與唐代文學	傅錫壬 著
迦陵談詩二集	葉嘉瑩 著
西洋兒童文學史	葉詠琍 著
一九八四	George Orwell原著、劉紹銘 譯
文學原理	趙滋蕃 著
文學新論	李辰冬 著
分析文學	陳啓佑 著
解讀現代・後現代——文化空間與生活空間的思索	葉維廉 著

大衆傳播的挑戰	石永貴 著
傳播研究補白	彭家發 著
「時代」的經驗	汪琪、彭家發 著
書法心理學	高尚仁 著
清代科舉	劉兆璸 著
排外與中國政治	廖光生 著
中國文化路向問題的新檢討	勞思光 著
立足臺灣，關懷大陸	韋政通 著
開放的多元化社會	楊國樞 著
臺灣人口與社會發展	李文朗 著
財經文存	王作榮 著
財經時論	楊道淮 著

史地類

古史地理論叢	錢穆 著
歷史與文化論叢	錢穆 著
中國史學發微	錢穆 著
中國歷史研究法	錢穆 著
中國歷史精神	錢穆 著
憂患與史學	杜維運 著
與西方史家論中國史學	杜維運 著
清代史學與史家	杜維運 著
中西古代史學比較	杜維運 著
歷史與人物	吳相湘 著
共產國際與中國革命	郭恒鈺 著
抗日戰史論集	劉鳳翰 著
盧溝橋事變	李雲漢 著
歷史講演集	張玉法 著
老臺灣	陳冠學 著
臺灣史與臺灣人	王曉波 著
變調的馬賽曲	蔡百銓 譯
黃　帝	錢穆 著
孔子傳	錢穆 著
宋儒風範	董金裕 著
增訂弘一大師年譜	林子青 著
精忠岳飛傳	李安 著

現代佛學原理	鄭金德 著
絕對與圓融——佛教思想論集	霍韜晦 著
佛學研究指南	關世謙 譯
當代學人談佛教	楊惠南編著
從傳統到現代——佛教倫理與現代社會	傅偉勳主編
簡明佛學概論	于凌波 著
修多羅頌歌	陳慧劍譯註
禪話	周中一 著
佛家哲理通析	陳沛然 著
唯識三論今詮	于凌波 著

自然科學類

異時空裡的知識追逐——科學史與科學哲學論文集	傅大為 著

應用科學類

壽而康講座	胡佩鏘 著

社會科學類

中國古代游藝史——樂舞百戲與社會生活之研究	李建民 著
憲法論叢	鄭彥棻 著
憲法論集	林紀東 著
國家論	薩孟武 譯
中國歷代政治得失	錢穆 著
先秦政治思想史	梁啓超原著、賈馥茗標點
當代中國與民主	周陽山 著
釣魚政治學	鄭赤琰 著
政治與文化	吳俊才 著
世界局勢與中國文化	錢穆 著
海峽兩岸社會之比較	蔡文輝 著
印度文化十八篇	糜文開 著
美國的公民教育	陳光輝 譯
美國社會與美國華僑	蔡文輝 著
文化與教育	錢穆 著
開放社會的教育	葉學志 著

邁向未來的哲學思考	項退結 著
逍遙的莊子	吳怡 著
莊子新注（內篇）	陳冠學 著
莊子的生命哲學	葉海煙 著
墨子的哲學方法	鍾友聯 著
韓非子析論	謝雲飛 著
韓非子的哲學	王邦雄 著
法家哲學	姚蒸民 著
中國法家哲學	王讚源 著
二程學管見	張永儁 著
王陽明——中國十六世紀的唯心主義哲學家	張君勱著、江日新譯
王船山人性史哲學之研究	林安梧 著
西洋百位哲學家	鄔昆如 著
西洋哲學十二講	鄔昆如 著
希臘哲學趣談	鄔昆如 著
中世哲學趣談	鄔昆如 著
近代哲學趣談	鄔昆如 著
現代哲學趣談	鄔昆如 著
現代哲學述評(一)	傅佩榮編譯
中國十九世紀思想史(上)(下)	韋政通 著
存有・意識與實踐——熊十力體用哲學之詮釋與重建	林安梧 著
先秦諸子論叢	唐端正 著
先秦諸子論叢(續編)	唐端正 著
周易與儒道墨	張立文 著
孔學漫談	余家菊 著
中國近代新學的展開	張立文 著
哲學與思想——胡秋原選集第二卷	胡秋原 著
從哲學的觀點看	關子尹 著
中國死亡智慧	鄭曉江 著

宗教類

天人之際	李杏邨 著
佛學研究	周中一 著
佛學思想新論	楊惠南 著

滄海叢刊書目㈠

國學類

中國學術思想史論叢㈠～㈧	錢　　穆　著
現代中國學術論衡	錢　　穆　著
兩漢經學今古文平議	錢　　穆　著
宋代理學三書隨劄	錢　　穆　著
論語體認	姚式川　著
西漢經學源流	王葆玹　著
文字聲韻論叢	陳新雄　著
楚辭綜論	徐志嘯　著

哲學類

國父道德言論類輯	陳立夫　著
文化哲學講錄㈠～㈤	鄔昆如　著
哲學與思想	王曉波　著
內心悅樂之源泉	吳經熊　著
知識、理性與生命	孫寶琛　著
語言哲學	劉福增　著
哲學演講錄	吳　　怡　著
後設倫理學之基本問題	黃慧英　著
日本近代哲學思想史	江日新　譯
比較哲學與文化㈠㈡	吳　　森　著
從西方哲學到禪佛教——哲學與宗教一集	傅偉勳　著
批判的繼承與創造的發展——哲學與宗教二集	傅偉勳　著
「文化中國」與中國文化——哲學與宗教三集	傅偉勳　著
從創造的詮釋學到大乘佛學——哲學與宗教四集	傅偉勳　著
中國哲學與懷德海	東海大學哲學研究所主編
人生十論	錢　　穆　著
湖上閒思錄	錢　　穆　著
晚學盲言(上)(下)	錢　　穆　著
愛的哲學	蘇昌美　著
是與非	張身華　譯